小学校国語科

「言葉による見方・考え方」を鍛える
説明文・論説文の「読み」の授業と教材研究

「読み」の授業研究会・関西サークル 著

明治図書

はじめに

説明的文章（説明文・論説文）の授業は、楽しい。「はじめ―なか―おわり」を読みとることも、「柱」の段落・文を見つけ要約していくことも、書かれ方や内容を吟味していくことも、いずれも子どもたちが興味を持って授業に参加する要素をたくさん持っている。

授業を楽しくする秘訣は、子どもたちが説明文・論説文を読む方法を自らのものとしていくことである。教師の説明ではなく、子どもたちが読みの方法を見つけ出し、使っていけるようにすることである。そうなることで、子どもたちは授業に主体的に参加できるようになる。

本書は、説明文・論説文の読み方の基本となることを八つの観点にまとめている。小学1年～6年にかけて八つの観点を系統的に教え、それを子どもたち自身のものとしていく。そのことが学習指導要領の「言葉による見方・考え方」を働かせ、鍛えることにつながる。説明文・論説文の授業が系統性を持つことで、子どもたちは何を学んでいるかに意識的になり、論理的な思考力が身についていく。教材ごとに違う読み方では、教師の指示待ちとなり、子どもたちに読みの力はついていかない。

本書は二章から構成されている。第一章理論編は、「言葉による見方・考え方」を鍛えるための八つの観点を、低・中・高学年の系統性をふまえ、具体的な教材に即して述べている。第二章は、実践編である。小学1年～6年までの三十三教材について、「深い学び」につながる教材研究を示している。

説明文・論説文の学習のつながりを子どもたちが意識できるように指導していくことで、「言葉による見方・考え方」を鍛え育んでいくことができる。本書は、その道筋を示したものである。

二〇二〇年三月

加藤　郁夫

目次

はじめに・2

第一章　理論編「言葉による見方・考え方」を鍛える説明文・論説文の授業づくり

第1節　説明文・論説文の授業で「言葉による見方・考え方」をどのように鍛えるか……6

第2節　系統性を意識した説明文・論説文の読み―八つの観点……8

1　問い（問題提示）を読む・8

コラム1　音読で文章の内容を正しく理解する・11

2　三部構成を読む（構成よみ）・12

3　二つの文種―説明文と論説文・16

コラム2　形式段落相互の関係を意識する・19

4　〈なか〉の叙述の型を読む―並列型と展開型・20

5　答えを読む―「柱（中心となる）」段落・文をとらえる・24

6　要約の指導・28

7　要旨をまとめる・32

8　吟味する（吟味よみ）・35

コラム3　吟味で学んだことを推敲に生かす・42

第二章　実践編「言葉による見方・考え方」を鍛える説明文・論説文の教材研究

第1節　小学校低学年……43

1　くちばし（光村・1年）・どう　やって　みを　まもるのかな（東書・1年）・だれが、たべたのでしょう（教出・1年）・43
2　いろいろな　ふね（東書・1年）・48
3　はたらく　じどう車（教出・1年）・51
4　どうぶつの　赤ちゃん（光村・1年）・54
5　どうぶつ園のじゅうい（光村・2年）・57
6　おにごっこ（光村・2年）・61
7　たんぽぽ（東書・2年）・65
8　ビーバーの大工事（東書・2年）・69
9　すみれと　あり（教出・2年）・73
10　さけが大きくなるまで（教出・2年）・77

第2節　小学校中学年……81

1　こまを楽しむ（光村・3年）・81
2　ありの行列（光村・3年）・85
3　自然のかくし絵（東書・3年）・89
4　パラリンピックが目指すもの（東書・3年）・93

5　めだか（教出・3年）・97
6　川をさかのぼる知恵（教出・3年）・101
7　世界にほこる和紙（光村・4年）・105
8　ウナギのなぞを追って（光村・4年）・109
9　ヤドカリとイソギンチャク（東書・4年）・113
10　数え方を生みだそう（東書・4年）・117
11　花を見つける手がかり（教出・4年）・121

第3節　小学校高学年……125

1　言葉の意味が分かること（光村・5年）・125
2　固有種が教えてくれること（光村・5年）・131
3　動物たちが教えてくれる海の中のくらし（東書・5年）・137
4　和の文化を受けつぐ―和菓子をさぐる（東書・5年）・143
5　言葉と事実（教出・5年）・149
6　時計の時間と心の時間（光村・6年）・154
7　メディアと人間社会（光村・6年）・160
8　イースター島にはなぜ森林がないのか（東書・6年）・165
9　町の幸福論―コミュニティデザインを考える（東書・6年）・171
10　雪は新しいエネルギー（教出・6年）・177

おわりに・183

第1節　説明文・論説文の授業で「言葉による見方・考え方」をどのように鍛えるか

説明的文章（以下、説明文・論説文とする）の読解を通して鍛え育んでいく論理的な思考力には、大きく分けて二つある。

①情報を的確に読みとる力

②情報や書かれ方を吟味する力（メタ的な読みの力）

①は、何が書かれているかを、正確に読みとる力である。文章全体の構成を把握することで、その文章が何について、どのように書かれているかといったことをとらえることができる。特に、問題提示をとらえることが、その要にある。その上で、問題提示の答えの読みとり、段落相互・文相互の関係をつかむことで、詳細に内容を理解することができる。

説明文・論説文は、現実の社会の様々なあり様や出来事、現象や本質などを説明したり、それに関わって筆者の意見を述べたりするものである。それゆえ、述べられていることが正しいことであるか、あるいはどの程度信頼できるのかといった、情報の確かさ（信頼度）が大事な問題となる。したがって、そこで述べられていることを吟味できる力が重要となる。もちろん単純に真偽が決められるような問題ではないことも多い。場合によれば、情報に対する態度を留保することも必要になる。述べられている情報やその書かれ方の検討を通して、情報への対し方や判断する力をつけていくのである。また、吟味の仕方を学び、身につけていくことを通して、他の情報も吟味できるようになっていく。

小学校学習指導要領は、国語科の目標を「言葉による見方・考え方を働かせ、言語活動を通して、国語で正確に理解し適切に表現する資質・能力を次のとおり育成することを目指す。」と述べる。「言葉による見方・考え方」とは、説明文・論説文の授業では、どのように考えたらよいだろうか。「見方」とは、視点であり、「考え方」とは、読み方である。見方と考え方は裏表のものであり、どこまでが見方か考え方かといった、細かく分けてとらえる必要はない。授業において、何を教えていくのか、どのような力をつけるのかといったことを明確にして取り組むことができればよい。本書は、「見方・考え方」を八つの観点にまとめている。

「言葉による見方・考え方」を鍛える授業は、必然的に「主体的・対話的で深い学び」へとつながっていく。「主体的」とは、学びを子どもたちのものにすることである。そのためには、子どもたちが、学び方を身につけることが欠かせない。読み方や書き方を身につけ、それを用いることができるようになってこそ、主体的な学びとなっていく。「対話的」であるためには、「対話」を引き出す学習課題が必須のものとなる。そのためには、教師の教科内容への深い理解が欠かせない。「深い学び」は、教材研究の深さがあってこそのものである。

本書では、深層の読み（構成よみ・論理よみ・吟味よみ）を中心に述べているが、その前提となる表層の読みについて、最後に述べておく。子どもたちが文章を声に出してすらすら読めること、文章の中で用いられている言葉の意味が理解できること、これらは読むことの基本である。音読（コラム参照）や語句指導がきちんと指導されてこその、深層の読みである。

最後に、実践編の書き方について付言する。構成表は、構成の板書に活用できるような書き方にしている。語句は、語彙指導への展開も念頭においた記述をしているので、活用していただきたい。段落番号は、□で囲み、段落内の文番号は①②…のように◯で囲んで区別した。③①は、3段落の1文目という意味になり、板書などを書く時に楽である。

第2節 系統性を意識した説明文・論説文の読み―八つの観点

1 問い（問題提示）を読む

説明文・論説文は、何かを説明したり、筆者の考えを述べたりする文章である。明確な目的を持ち、方向性のはっきりした文章といえる。それゆえ、何について説明するのか、どのような主張をするのかという筆者の問題意識を、問い（問題提示）としてはじめに示す。文章のはじめに結論を述べることが、しばしばおこなわれるのもそのことと深く関わっている。説明文・論説文における問いは、筆者がわかっていることを読者に問いかける。問いは読者の注意・関心を、筆者の問題意識に惹きつけるためのレトリックといえる。

問い（問題提示）をはじめに示すことで、読者にこれから述べようとすることをあらあら示し、読者に文章を読む構えを作らせる。それゆえ、読者が問い（問題提示）をきちんと読みとらないままに、文章を読みすすめていくならば、自分の気になったところにだけ注意を向けたり、関心のないところは読み飛ばしたりして、恣意的な読解になってしまう恐れがある。

問い（問題提示）は、航海における羅針盤である。問題提示を明らかにしないで読みすすめることは、羅針盤を手にすることなく航海に出発するようなものである。読者は問題提示という羅針盤を手にすることで、読解という海を正しく乗り切ることができるのである。

問題提示はしばしば、問いの形で示される。したがって、低学年段階では「問い」と教えていけばよい。ただし、常に問いの形で示されるとは限らない。中学年以降では、問いの形ではない問題提示も多く登場してくる。よって中学年以降では、問題提示という用語に置き換えていくことが必要である。

文章によっては、問題提示が明示されないこともある。だからといって、文章の方向性が示されていないのではない。そのような場合は、何について述べようとするかという話題が示される。また、題名が問題提示や話題提示の役割を果たしていることもある。したがって、題名にも注意し、何が述べられている文章かということに意識を向けて読みすすめていくことが大事になる。『ビーバーの大工事』（東京書籍2年）や『「鳥獣戯画」を読む』（光村図書6年）などは、題名が話題提示となっている。

文章の初めの方だけを読んで、問題提示を完璧に読みとろうとすることには危うさがある。もちろん、問題提示が明示的であり、初めの方を読むだけでわかる場合もある。しかし、そのような場合でも、その問題提示が文章全体に関わるものかどうかを、最後まで読むことで確認することが必要である。『めだか』（教育出版3年）は、4段落に問いがあるが、その答えは8段落までであり、文章全体の問題提示とはなっていない。

問題提示は、大きく二つに分かれる。文章全体に関わる大きな問題提示と文章の一部に関わる小さな問題提示である。述べられていることが文章全体に関わるかどうかで、大きな問題提示か小さな問題提示かを判断するのである。

低学年では、まず問いの文に着目できるようにする。すでに述べたように問いは、筆者がこれから述べようとすることを指し示している。そのことを子どもたちに理解させていくことを通して、問いの重要性に目を向けさせていく。『くちばし』（光村図書1年）、『どうやってみをまもるのかな』（東京書籍1年）、『だれが、たべたのでしょう』（教育出版1年）などの入門期の教材で問いを意識するように指導していく。そのために、問いの文を赤鉛筆で囲むように指導してもよい。問いの文がない教材では、問いの文がないことに気づかせながら、問いの文を作ってみるように指導していく。また、問いの形にはなっていないが、何について述べるかをはっきりと示した文もある。そのような場合を「もんだい（問題）」と呼び、問いの文と同じように扱っていく。それとともに、文章全体を視野に入れて、何について述べた文章かといったとらえ方ができるように指導していく。

中学年では、問いの形でない問題提示や話題提示ではじまる文章も登場してくる。そのような教材を通して、問題提示が、いつも問いの形になっているわけではないことを理解していく。場合によれば、問いの形に直して、何を述べようとしているかを再確認することがあってよい。ただし、問いの文であっても、直後に答えが述べられるようなものは、問題提示となることは少ない。また大きな問題提示と小さな問題提示の違いを読み分けることも中学年から取り組んでいく。そして低学年に引き続いて、文章全体をとらえる見方ができるように指導していく。

高学年は、低・中学年で学んできたことを総合していく段階といえる。説明文・論説文では、どこに問題提示があるのか、あるいは話題提示だけなのかを明らかにし、その文章が何について述べようとしているかを自らつかむことができるようにしていくのである。高学年になると教材自体も複雑になってくる。問題提示がわかりにくい教材にも進んで挑戦し、考えていけるようにしていく。また引き続き、大きな問題提示と小さな問題提示の違いを読み分けること、文章全体をとらえる見方ができるように指導していく。

「問題提示」には、問題の所在を読者にわからせるため指し示すといったニュアンスがある。「問題提起」は、問題を持ち出すだけに終わり、必ずしもその後に説明が伴わないことがある。本書では、〈はじめ〉は「問題提示」、〈おわり〉で新たな問題が述べられる場合を「問題提起」と呼ぶ。

コラム1

音読で文章の内容を正しく理解する

説明文・論説文の音読は、文章の内容を正しく理解することに重点をおく。文節を正しく区切り、言葉の意味を考えて、間違いなく音読することが大切である。そのために教師による音読（範読）からはじめるとよい。文節の切り方や新出漢字の読みなどを指導することができるからである。二読目以降は、正確に音読するだけではなく、問題提示や答えはどこに書かれているのかなど、文章の構成も考えながら音読するように指示していく。高学年では黙読を取り入れてもよいが、子ども一人ひとりが正しく音読できているのかを確認した上で指導することが求められる。

ねらいに応じて、効果的に取り入れたい。

① 追い読み　教師の読みに続いて、子どもが読んでいく方法。文節の切り方や新出漢字の読みなどを指導することができる。学習の初期に取り入れるとよい。

② 二人読み　隣同士向かい合って読む方法。二人で一緒に読んでもいいし、一文ずつ交代して読んでもよい。正しく読むことができているかを互いに確認することができる。

③ 丸読み　一文ずつ順番に音読する方法。音読が不得意な子どもも比較的容易に取り組むことができる。子どもが正確に音読できているかどうかを確認することができる。

④ 段落読み　段落を単位にして音読する方法。一人や班でまとまった量の文章を読むため、より正しく読み、内容を理解することが要求される。

⑤ ダウト読み　読み間違うと、他の子どもが「ダウト」と言って立ち、音読を交代する方法。正確な音読が要求される。緊張感が生まれ、ゲーム感覚で楽しく音読することができる。

2　三部構成を読む（構成よみ）

構成よみは、文章全体を「はじめ―なか―おわり（序論―本論―結び）」の三つに分けることを通して、文章全体を大づかみにする。小学校低・中学年では「はじめ―なか―おわり」、小学校高学年～中学校・高校では「序論―本論―結び」という用語を用いる。構成概念としては「序論―本論―結論」という方が一般的かもしれない。しかしながら、「結論」には、「結論から述べると」「前提―結論」などといった使われ方があり、構成概念としての「結論」と混乱する恐れがある。それを避けるため、構成概念としては「結び」という用語を用いる。用語は、高学年から変更するが、その意味する内容は変わらない。煩雑を避けるため、本書では、「はじめ」は「はじめ（序論）」、「なか」は「なか（本論）」……の意味で用いる。

〈はじめ・序論〉〈なか・本論〉〈おわり・結び〉は、次のように説明できる。

はじめ・序論……問題提示や話題提示がある

文章が何について述べようとするかを大きく示す、問題提示（話題提示）の役割を持つ。問題提示が、問いの形で示されることも多い。

な　か・本論……問題提示や話題提示にこたえて、具体的に説明や論証をおこなう

例をあげて、くわしく説明したり、論証したりと、問題提示（話題提示）にこたえる役割を持つ。その説明や論証の過程がいくつかの部分に分かれることもある。説明文・論説文で欠かすことができない部分といえる。

おわり・結び……まとめ・結論などを述べる

問題提示に対する答えをまとめたり、結論を述べたりする。また、筆者の感想や付け足し、さらには新しい問題提起などが述べられることもある。

構成よみでは、〈はじめ〉や〈おわり〉がどこまでか、あるいはどこからかを決定するところだけに目を奪われてはならない。「はじめ―なか―おわり」の指標に基づいて文章を読むことを通して、文章を俯瞰的にとらえるのである。問題提示がどこにあるか、それに対しどのように答えを述べているのか、さらにはどのようにまとめているか、といったことを把握することが構成よみのねらいといえる。

説明文・論説文では、その文章が何について述べようとするかを最初に読者に伝えることが大切である。問題提示として文章の方向性がはじめに示されることで、読者は何を読みとればよいのかがわかり、読む構えを作ることができる。それゆえ、問題提示（話題提示）を明らかにしないままで〈はじめ〉がどこまでかを決めたとしても意味がない。〈はじめ〉がどこまでかを決定することは、問題提示（話題提示）を明らかにすることと一体のものである。

文章によっては、問題提示のないものもある。その場合、何について述べるかを大まかに示すことで、文章のおおよその方向が示される。それが話題提示である。〈はじめ〉がなく、題名が問題提示もしくは話題提示の役割をしている場合もある。『たんぽぽのちえ』（光村図書２年）、『ビーバーの大工事』（東京書籍２年）などは題名が話題提示になっている例である。

〈おわり〉では、①まとめ、②結論、③筆者の感想・付け足し、④新しい問題提起、といくつかの要素が述べられる。ただし、すべての要素が書かれているのでもなく、必ず述べられる要素があるわけでもない。ある文章ではまとめだけ、別の文章では結論と新しい問題提起の二つの要素といった具合である。『雪は新しいエネルギー』(教育出版6年)の〈結び〉では、〈本論〉で述べられた内容と直接に関わらないことが述べられている。また、〈おわり〉がないものもある。『人をつつむ形』(東京書籍3年)などはその例である。

〈おわり〉は、まとめや結論などに示されるように、述べ方が抽象的になっていくところに一つの特徴がある。〈なか〉が具体的に述べられているのに対して、〈おわり〉は一般的に、抽象的な述べ方になる傾向がある。述べ方が、具体的なものから一般化されたものに変わることで、読者に文章が終わることを了解させる働きを持つ。これも、〈おわり〉をとらえる目安の一つといえる。『動物たちが教えてくれる海の中のくらし』(東京書籍5年)には、明確な問題提示がない。③段落以降ではキングペンギンやウェッデルアザラシといった具体的な動物名が登場することや題名などから②段落までが話題提示になっているとわかる。

〈おわり〉は、〈はじめ〉と照応させて読む。筆者の感想や補足、さらには新しい問題提起なども、〈はじめ〉との関係でとらえるとよい。問題提示とどの程度照応しているのか、あるいはしていないのかという観点を持っておくのである。また、読み手が問題提示を意識することで、どこまでがそれに対する答えかもある程度明らかとなり、〈おわり〉がどこからかも見えやすくなってくる。

「はじめ―なか―おわり」の決定の後、〈なか〉をいくつかに分ける。〈なか〉がいくつに分けられるかは、〈なか〉がどのように述べられているかを明らかにすることでもある。〈なか〉を分けることを通して、どんなことが、どのように述べられているかをつかむのである。〈なか〉の分け方は、誰が分けても同じになるといったものばかりではない。何を基準にするかによっても変わってくる。『あなのやくわり』(東京書籍2年)は、話題によって四つに分けることができるが、穴が一つ空いているものと二つ空いているものという観点で分ければ、二つに分けることも可能である。教材研究において、そのような複眼的な見方を教師ができていることで、子どもたちの多様な意見を、懐深く受け止めることができる。

低学年では、最初から「はじめ—なか—おわり」という構成で読みとっていく必要はない。まずは、問い答えの関係をとらえることと、文章をいくつかのまとまりでとらえることができるようにしていけばよい。2年生の終わりの段階において、「はじめ—なか—おわり」という構成概念が子どもたちに理解されていけばよい。このことは、1年生の時点で「はじめ—なか—おわり」を教えるべきではないということではない。子どもたちの理解が可能であれば、教えていくことがあってもよい。ただし、1年生の時点で無理に「はじめ—なか—おわり」をわからせようとしたり、何としても三部構成を教えようとしたりする必要はない。1年生段階では、文章をいくつかのまとまりでとらえられることを大事にし、2年生後半で「はじめ—なか—おわり」の三部構成が理解できるようになっていけばよい。

中学年では、「はじめ—なか—おわり」の三部構成に基づいて構成を読みとっていく。「はじめ—なか—おわり」を繰り返し用いることを通して、やや変則的な構成の教材に出会っても、その変則さに気づけるようにしていく。そして、「はじめ—なか—おわり」の構成の意味や役割を、子どもたちが説明できるようにしていくのである。三部構成に慣れていくにしたがって、少しずつ構成の読みとりを子どもたちが自力でおこなうことができるようにしていきたい。

高学年では、「はじめ—なか—おわり」の意味をしっかりと理解できるようにしていくとともに、用語としては「序論—本論—結び」に変えていく。この段階では、説明文・論説文を三部構成で読みとることを自分から進んでおこなえるようにしていきたい。また、変則的な構成で、一見三部構成にうまく当てはまらないような文章であっても、「序論—本論—結び」というものさしを適用して読みとることが大切である。ものさしがうまく当てはまるから適用していくのではない。三部構成は、説明文・論説文の構成の基本である。基本となるものさしを当てはめることで、うまく当てはまらないことや、変則的な構成も見えてくるのである。

3　二つの文種─説明文と論説文

説明的文章は、社会に広がる様々な情報をわかりやすく叙述する説明文と、それに関わって筆者独自の考えを述べる論説文の二つの文種に分けることができる。文種を見分けることで、文章のどこに眼を付ければよいか、何を目的に読んでいけばよいか、内容をどう評価すべきかといったことが明確となり、その文章に対するより深い学びへと進むことが可能となる。説明文なら説明されていることがわかるかどうかを説明の仕方を含めて読んでいく。論説文では論証の過程を追い、筆者の考えをつかんだ上で、自分の考え、意見を持ち、最終的には意見文を書けるようにする。

説明文では、まず何を説明している文章なのかを正しくつかむことが大事な読みの過程となる。書かれてある情報を的確に読みとる力を身につけることが説明文読解の第一歩である。

低学年の説明的文章はすべて説明文である。『どうぶつの赤ちゃん』（光村図書1年）は、ライオンとしまうまの赤ちゃんが生まれてから大きくなるまでの様子を対比的に説明している。『たんぽぽ』（東京書籍2年）は、たんぽぽが仲間を増やす様子を時間の順序にそって説明している。

中学年でも説明文が中心となる。『川をさかのぼる知恵』（教育出版3年）は、船が高低差のある堀をのぼるための方法を説明しており、その原理の応用としてパナマ運河の例を示している。『ヤドカリとイソギンチャク』（東京書籍4年）は、ヤドカリがイソギンチャクを自分の貝殻にくっ付けている理由を説明し、両者が共生の関係にあることを説明している。

これに対し論説文は、ある事柄に関わって筆者独自の考えを述べる文章のことで、中学年の後半以降に見られるようになる。たとえば、『数え方を生みだそう』（東京書籍4年）は、物を数える時の単位（助数詞）について説明するだけでなく、日本語は数え方を新しく生み出すこともできるという筆者の考えが加えられ、それについて論証する論説文である。

高学年になると論説文が多くなる。『動物たちが教えてくれる海の中のくらし』（東京書籍5年）は、バイオロギングという方法によって得られたデータ結果から、海の動物は、彼らにとってちょうどよい速さで泳いでいるという筆者の考えが導かれている。『雪は新しいエネルギー』（教育出版6年）は、雪は再生可能エネルギーだという筆者の考えを述べ、それについて論証している。高学年では、事実や情報の読みとりの他に、それに関わる筆者独自の考えと論証の過程も読んでいくことが求められる。

論説文では、筆者独自の考えについてどう考えるかという自分の意見を持つことが要求されていく。論説文の指導にはその観点が必要になる。それに対して説明文は読み手の考えを積極的に求めない。読み手の考えを求めてくるか、こないかということが説明文と論説文との最も大きな違いである。その見分けは、原則〈なか〉の述べ方で判断していく。事実を丁寧に説明しているのが説明文。論説文は〈なか〉で事実を丁寧に説明し、それをもとに筆者独自の考えを述べる。あるいは、〈はじめ〉で筆者独自の考えを提示し〈なか〉で論証しようとする。安易に〈おわり〉に筆者の考えが述べられていることだけで判断しないことである。説明文では〈おわり〉に筆者の感想めいた考えが付け加えられることもあるので注意が必要である。

また論説文における筆者独自の考えについて、仮説という言い方を本書はしない。筆者の考えを仮説という用語でとらえると混乱しかねないからである。『ありの行列』（光村図書3年）は、実験観察によって得た結果をもとにウィルソンが仮説を立て、検証し、どうやってありが行列をつくるのかを説明した説明文である。また『ウナギのなぞを追って』（光村図書4年）け、ウナギの産卵に海山、新月などが影響しているという仮説を考え、その仮説をもとにウナギの卵を発見している。一般的に仮説とは科学的実験による裏付けがまだおこなわれていない、検証が必要な仮りの説のことである。したがってこれらを仮説ということは妥当である。それに対して筆者独自の考えとは必ずしも科学的検証を必要としない。たとえば、『「鳥獣戯画」を読む』（光村図書6年）の中で筆者がこれを「アニメの祖」と言っているのは仮説か定説かの区別は難しい。仮説かどうかというとらえ方をすればわからなくなる。しかしこれを筆者独自の考えと読めば論説文として読んでいくことができる。高学年では科学的な論説文が多くなるが、科学用語としての仮説と論説文における筆者独自の考えとは区別して理解すべきである。

低学年は、すべて説明文である。したがって文種の区別をする必要はない。

中学年でも、多くは説明文である。ただし、4年生の後半で論説文が登場する場合がある。論説文の登場に伴い、何かを説き明かそうとしている説明文かそれとも、筆者独自の考えを述べようとした論説文であるのか、その違いを少しずつ意識させていけばよい。

高学年では、説明文と論説文の見分けが必要となる。なぜなら、論説文では最終的に読み手の意見が求められるからであり、高学年の多くが論説文となるからである。文種の見分けは必ずしも単元の初めに行う必要はない。その文章の読解の過程で文種を考えていってもよい。

教師は、事前の教材研究で文種の区別はできていないといけないし、その違いもおさえておく必要がある。こうしたことをわかった上で、低学年では文種は扱わず、中学年から読み分けていき、高学年では読み手の考えを形成する、といった指導の系統性を意識することで、6年全体を俯瞰した指導が可能となる。そのためにも文種の区別は重要となる。

コラム2

形式段落相互の関係を意識する

段落は、文章中の一つのまとまりを示す文の集まりである。それは意味の一つのまとまりであり、文章読解の基本的単位である。

段落は行頭を一字下げることで表す。それが読み手に段落を知らせる形式上の印となる。読み手は、書き手が分けた形式段落に寄り添って読んでいく。内容のまとまりや展開、論理的なつながりや他段落との関係は、すべて形式段落を根拠として読む。段落は、形式によって成り立つという原則を大切にすべきである。

したがって、形式段落を恣意的にまとめる意味段落という考え方はとらない。それは読み手の主観を優先させるまとめ方となってしまう。形式段落相互の関係を読んでいくことこそが大事である。文章は〈はじめ〉〈なか1〉〈なか2〉……〈おわり〉という構成上のまとまりでとらえていけばよい。

1年生は一文一段落の文章から学習をはじめる。段落という考え方を教えるのは、一段落二文以上の構成となる1年生後半からでよい。

形式段落を意識することは、「書き」の問題を考える時にも有効である。書く時にも、内容のまとまりを意識しないと適切に段落に分けることができないからである。一つの段落には一つの内容を書く。根拠のない段落分けはしない。段落相互の関係を確認し展開を考えるなど、段落を意識することは読むこととともに書くことにも通じていく。

4 〈なか〉の叙述の型を読む―並列型と展開型

説明文・論説文の構成の基本は、「はじめ―なか―おわり」の三部構成である。もちろん、すべてが三部構成となるわけではなく、「はじめ―なか」や「なか―おわり」の二部構成となるものもあるが、〈なか〉のないものはない。〈なか〉は、説明文・論説文の叙述の要なのである。

〈なか〉の叙述は、時間の順序にそった述べ方をしているものと、そうではないものの大きく二つに分かれる。時間の順序でないものは、並列型と展開型の二つに分かれる。並列型とは、〈はじめ〉の問いに対して、〈なか〉で複数の答えを並べて述べていくものである。並列型ではないものすべてを展開型と考える。展開型は、さらにいくつかのタイプに分かれるがこれについては後述する。

1年生は、『くちばし』（光村図書）、『どうやってみをまもるのかな』（東京書籍）、『だれが、たべたのでしょう』（教育出版）などの入門教材から学習をはじめる。その後は、すべて並列型の文章を学ぶ。『じどう車くらべ』（光村図書）、『いろいろなふね』（東京書籍）、『はたらくじどう車』（教育出版）などである。これらは、〈はじめ〉の問いに対して、〈なか〉で複数の答えを並べて叙述している。『じどう車くらべ』は、それぞれのじどう車はどんなしごとをしているか、そのためにどんなつくりになっているかという問いに対して、バスやじょうよう車、トラック、クレーン車の順に三つの答えを並べて説明している。『いろいろなふね』は、問いの形にはなっていないが、ふねにはいろいろなものがありますという話題提示に対して、きゃくせん、フェリーボート、ぎょせん、しょうぼうていの四つの答えを並べて説明している。並列型では、複数の答えを一つひとつ読みとっていくのが学習の目あてである。

2年生で、〈なか〉が時間の順序で述べられる教材が登場する。『たんぽぽのちえ』（光村図書）、『たんぽぽ』

（東京書籍）、『すみれとあり』（教育出版）などがこれにあたる。『たんぽぽのちえ』は、たんぽぽが種をちらして、仲間を増やす過程を、花が咲き、種を太らせ、綿毛ができ、種を飛ばすという時間の順序にそって説明している。『すみれとあり』も、すみれが種を飛ばし、ありが運ぶ過程を時間の順序で叙述している。他に、『どうぶつ園のじゅうい』（光村図書）も、一日の時間の流れにそって獣医の仕事ぶりを述べている。2年生の終わりで再び並列型にもどる教科書とそうでないものがある。光村図書の『おにごっこ』、東京書籍の『あなのやくわり』は典型的な並列型である。教育出版の『さけが大きくなるまで』は時間の順序にそった叙述である。

低学年の〈なか〉の叙述は、並列型と時間の順序にそったものの二つがある。子どもたちが、この二つの叙述が理解できること、また二つの違いがわかることが大事になる。

3年生以降では、並列型から展開型に発展していく。光村図書では『こまを楽しむ』、『すがたをかえる大豆』などの並列型が再び登場している。そして、展開型の『ありの行列』へと続いていく。東京書籍の『自然のかくし絵』、教育出版の『めだか』などは展開型であり、3年生の初めから登場している。中学年からは、〈なか〉の叙述が並列型から展開型へ移っていくことを意識して読んでいくことが重要となる。

展開型とは、時間の順序ではなく、並列型の述べ方でもないものをいう。展開型は、次の四つのタイプに分けることができる。

①帰結タイプ　問題提示に対する答えが、最終的に一つの答えに帰結するタイプ。『ありの行列』（光村図書3年）、『花を見つける手がかり』（教育出版4年）、『言葉の意味が分かること』（光村図書5年）などがこれにあたる。『ありの行列』は〈はじめ〉で、ありの行列ができるわけを問い、実験・観察・研究を通して、最終的に一つの答えを述べる。

②小問タイプ　小さな問いと答えという形を繰り返していくタイプ。『ヤドカリとイソギンチャク』（東京書籍4年）、『くらしの中の和と洋』（東京書籍4年）などがこれにあたる。『ヤドカリとイソギンチャク』は、なぜヤドカリはイソギンチャクを付けているのか、どうやって自分の貝殻に移しているのか、イソギンチャクにどのような利益があるのか、といった問いに対してそれぞれ答えていく述べ方である。

③付加タイプ　問題提示が文章全体に及んでおらず、問題提示の答えを述べた後に付加される部分があるタイプ。このタイプは問題提示を〈なか〉に入れてしまうと、〈はじめ〉がかえって決めにくくなり、構成がとらえにくくなる。問題提示を〈はじめ〉ととらえ、それと直接対応していない部分を付加ととることで、構成がとらえやすくなる。付加の部分は関連する類似の事柄を付け加えて述べていくことが多いが、単なる付け足しではなく、むしろ付加の部分から、筆者の主要な考えを述べるものもある。『アップとルーズで伝える』（光村図書4年）は、〈なか〉で付加されている。『川をさかのぼる知恵』（教育出版3年）は、〈おわり〉に付加されている。

これら①～③の三つのタイプは3年生から4年生の中学年の教材に多く登場している。

④結論提示タイプ　問題提示が結論になっており、〈本論〉でその理由を述べたり論証していくタイプ。『固有種が教えてくれること』（光村図書5年）、『雪は新しいエネルギー』（教育出版6年）などがこれにあたる。これはこのタイプは〈本論〉の具体例が、どれくらい結論を支えているのかを読んでいくことが必要となる。これは5年生から6年生の高学年の教材で多く登場する。

もちろん、展開型の説明文・論説文がすべてこの四つにあてはまるわけではない。タイプが混在するものもある。『時計の時間と心の時間』（光村図書6年）は結論提示タイプだが、〈本論〉の叙述は並列型である。『町の幸福論―コミュニティデザインを考える』（東京書籍6年）は、全体としては並列型であるが、〈本論〉の叙述は結論提示タイプである。指導は、四つのタイプに分類することではない。四つのタイプを子どもたちに教えていく必要もない。教材研究の中で、教師が〈なか〉の叙述の流れをつかむ目安とするのである。授業では、教材研究をもとに読むべき箇所を判断し、子どもたちが叙述の流れをつかんでいけるようにする。

1年生は並列型。2年生は時間の順序と並列型。3年生以降は並列型から展開型へ。こうした〈なか〉の叙述の型やタイプの系統性を意識して6年間の流れを見通すのである。

〈なか〉の叙述の型をまとめると次のようになる。

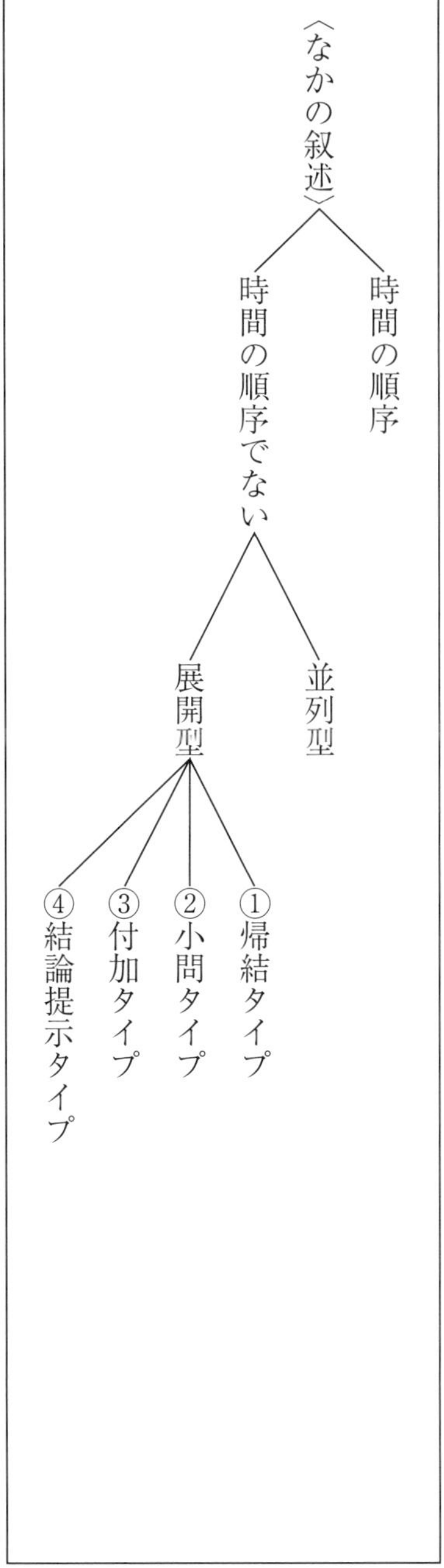

5　答えを読む―「柱（中心となる）」段落・文をとらえる

説明文・論説文の指導において「キー・パラグラフ（キー・センテンス）」「中心段落（中心文）」といった用語がしばしば用いられる。小学校学習指導要領国語の第3学年及び第4学年の「読むこと」でも「ウ　目的を意識して、中心となる語や文を見付けて要約すること。」（傍線は筆者）と述べている。「中心」といっても、文章や段落の真ん中にあるわけではない。「中心」「キー」は比喩である。では、「中心となる語や文」は、どのように見つけていけばよいのか。端的に言えば、「中心」とは、問い（問題提示）に対する答えとなるところである。「中心となる語や文を見付け」ることは、問いに対する答えの段落や文を読みとることである。ただし、結論提示タイプでは、答えではなく、結論に対する理由・論証が「中心」になる。

本書では、「中心」「キー」という用語を用いず、「柱」と呼ぶ。その理由は、「中心」「キー（鍵）」ということで、そこを大事なところと考え、それ以外のところを軽視することを避けるためである。

問い（問題提示）に対する答え、結論に対する理由・論証が柱の段落・文になる。したがって、柱は、答えが述べられる〈なか1〉〈なか2〉……において考えればよい。〈はじめ〉と〈おわり〉では、柱を考える必要はない。

『あなのやくわり』（東京書籍2年）の[2]段落は次のようである。どの文が柱だろうか。

> ①五十円玉のまん中には、あながあいています。②これは、さわったときに百円玉とくべつするためのあなです。③むかしの五十円玉には、あながなく、百円玉と同じくらいの大きさだったので、まちがえる人がいたのです。④そこで、五十円玉にあなをあけ、さわったときにくべつできるようにしたのです。

文章の最初で、あなは何のためにあいているのかという問いが示される。柱はその答えとなる箇所であるから、②文が柱だと見えてくる。

このように、〈なか〉の読解においては、問い（問題提示）を意識し、それに対応する答えを見つけていくのである。そのことで自ずと柱は見えてくる。それゆえ、〈なか〉の読解の際には、黒板に問題提示を書いておき、必要に応じて確認していくようにするとよい。

もちろん、問いと答えの照応関係だけに目を向けるのでは、文章読解は味気ないものになってしまう。要約指導にもまま見られることだが、答え（柱）以外の文を不要なもののようにとらえてしまってはダメである。答えだけを見ることは、一見効率的なようだが、貧しい読解である。柱の段落（文）と他の段落（文）との関係が読みとれていくことで、内容を豊かにとらえることができる。

〈なか〉では答えを読みとると述べたが、答えの述べ方は、並列型と展開型（第2節4参照）では異なっている。

並列型は、〈はじめ〉で示される問いに対して、いくつかの答えが並べられる。『あなのやくわり』の場合、「あなは、何のためにあいているのでしょうか。」という問いに対して五十円玉、プラグ、植木鉢、醤油差しと四つのものをあげ、それぞれのあなの役割を説明する。『すがたをかえる大豆』（光村図書3年）では、大豆は「昔からいろいろ手をくわえて、おいしく食べるくふうをしてきました」と話題提示し、炒り豆や煮豆をはじめとして五つの例をあげて説明する。並列型では一つひとつの事柄について丁寧に答えを読みとっていく。また、並べられている順序を入れ替えたとしても内容がわからなくなるわけではない。なぜその順序で述べているのかを考えていくことで、筆者の意図や工夫が見えてくる。

展開型は、叙述の順序に何らかの必然性がある。したがって、その順序を入れ替えてしまうと、意味がわかりにくくなったり、わからなくなったりする。すでに述べたように展開型には、①帰結タイプ、②小問タイプ、③付加タイプ、④結論提示タイプの四つがある。

帰結タイプは、大きな問題提示を示し、順序立ててそれに答えていき、最終的に一つの答えに収束していくところに特徴がある。『ありの行列』（光村図書3年）では、なぜありの行列ができるのかという問いに対し、実験・観察・研究を経て、答えが述べられる。一つひとつの段階を経て、答えに至るのである。したがって、中間的な答えをおさえていきながら、最終的な答えを読みとることが必要になる。

小問タイプは、「小さな問題提示―答え」を繰り返していく。『ヤドカリとイソギンチャク』（東京書籍4年）は、なぜヤドカリはイソギンチャクを付けているのか、どうやってイソギンチャクを付けるのか、イソギンチャクはヤドカリに付くことで何か利益があるのかと三つの小さな問題提示を出し、答えている。問い―答え、問い―答え……という形で展開している。

付加タイプは、〈はじめ〉で示した問題提示の答えだけで終わらず、その後に付け加えていく。『アップとルーズで伝える』（光村図書4年）は、アップとルーズでは、どんな違いがあるのかと問いを出し、〈なか〉で答える。そして、その後に新聞の写真でもアップとルーズが使われていることを付け加える。『イースター島にはなぜ森林がないのか』（東京書籍6年）は、〈序論〉でなぜ森林が失われたのかと問い、〈本論〉で答えていく。しかし、それで終わりではなく、その後に森林が無くなった後の島の衰退の様子が付け加えられ、さらに、それをうけて筆者の考えが述べられるという展開になっている。

結論提示タイプは、問題提示が結論である。〈序論〉で結論が述べられるのだから、〈本論〉は、なぜ結論のようにいえるかという理由や論証が主となる。『雪は新しいエネルギー』（教育出版6年）では、雪の冷熱エネルギーは再生可能エネルギーであるという結論（筆者独自の考え）が〈序論〉で示される。それを氷室や雪による冷房の例をあげて論証していく。結論提示タイプだけは、「問い―答え」ではなく「結論―理由・論証」が主になる。『町の幸福論―コミュニティデザインを考える』（東京書籍6年）は、コミュニティデザインで重要なのは、地域の住民たちが主体的に町作りに取り組むことだという結論（筆者独自の考え）を先に述べ、その例として益子町と三田市をあげる。論証では、具体例が示されることが多い。個々の例が、結論を支えているかどうかが読みのポイントになる。

低学年では、並列型の説明文と時間の順序で述べられた説明文が教材となる。まず、問いをしっかりとつかんだ上で、答えを読みとっていく。その際に、問いを赤鉛筆で、答えを青鉛筆で囲んでいくように指導するとよい。何が問われているか、それに対してどのように答えているかということに、意識的になるように指導していく。時間の順序の説明文では、時間・場所が変化することで何がどう変わったのかを丁寧に読みとることが必要である。

中学年では、並列型に加えて、展開型の説明文が登場する。それゆえ、並列型と展開型の違いが理解できることが大事になる。ここでも、問い（問題提示）をしっかりとつかみ、それに対してどのように答えを述べているのかということを追求できるようにしていく。問題提示―答えの関係を読みとることが、説明文の読解の基本であることを、しっかりと定着させていく段階といえる。

高学年では、展開型の論説文が多く登場する。ただし部分的に、並列型であったり、時間の順序であったりするなど、叙述のあり方は複雑になってくる。低・中学年で学んできた読み方を応用できることが大事になる。また、結論提示タイプの文章も登場する。そこでは、具体例が理由や論証となるのだから、それらが結論を支えるものとなり得ているかどうかを吟味することが重要になっていく。

6　要約の指導

要約とは、文章の一部を短くまとめたものである。

小学校学習指導要領国語の第3学年及び第4学年の「読むこと」の指導事項には、次のように示されている。

ウ　目的を意識して、中心となる語や文を見付けて要約すること。

同じく、小学校学習指導要領国語の解説編には、次のように示されている。

要約するとは、文章全体の内容を正確に把握した上で、元の文章の構成や表現をそのまま生かしたり自分の言葉を用いたりして、文章の内容を短くまとめることである。

要約は、書かれてある内容をただ単に短くまとめることではない。まず問題提示や話題提示が何であるのかをおさえ、答えがどこにどのように書かれているかを明らかにする。次に〈はじめ〉〈なか〉〈おわり〉の構成をとらえ、〈なか1〉や〈なか2〉などのまとまりの中で、答えがどの段落にどのように書かれているのかを考える。そして柱の段落（文）と他の段落（文）との相互関係をとらえながら要約していくことが大切である。段落（文）相互の関係は後述する。

要約の指導は次のようにおこなう。

(1)問題提示（話題提示）を確認し、その答えがどこにどのように書かれているかを明らかにする。
(2)〈なか1〉〈なか2〉などのまとまりの中で、答えが書かれている段落（柱の段落）を明らかにする。
(3)〈なか1〉〈なか2〉などのまとまりの中において、段落相互の関係を読みとる。
(4)柱の段落の中の柱の文を決める。
(5)柱の文の述語を抜き出す。（必要に応じて主語も抜き出す。）
(6)必要な修飾語を抜き出す。
(7)敬体を常体に直して、文を調整する。
(8)最後に、要約文が問題提示（話題提示）の答えとずれていないかを確認する。

たとえば『こまを楽しむ』（光村図書3年）は並列型の説明文であるが、1段落に「どんなこまがあるのでしょう。また、どんな楽しみ方ができるのでしょう。」という問いがある。2段落は、その答えの一つとして色がわりごまについて述べている。2段落①文に「色がわりごまは、回っているときの色を楽しむこまです。」と問いの答えが書かれている。②・③・④文は、表面の模様や、ひねって回すと元と違う色に変わるなど、①文のくわしい説明になっている。このようにみてくることで、2段落は、問いの答えである①文をもとに要約すればよいとわかる。

小学校では、段落（文）の相互関係の読みとりをせずに、要約の指導をおこなっている授業も見受ける。しかし段落（文）の相互関係をつかむことで、〈はじめ〉〈おわり〉の中での論理関係も明らかにできるし、〈なか〉の柱とそれ以外の論理関係もより明瞭に把握することができる。

段落（文）の相互関係をつかむ指導は、すべての段落や文でおこなう必要はない。まずは、わかりやすいところを取り上げて、論理関係の指導をしていくとよい。そして学んだ論理関係の型を、子ども自身が使えるようにしていくのである。

段落（文）相互の関係は、大きく二つある。対等と対等でない関係である。

対等の関係は、次の二つに整理することができる。

A　並列的に述べる

『くちばし』（光村図書1年）は、きつつき、おうむ、はちどりのくちばしについて述べている。三つの動物は並列的に述べられている。

B　時間の順序で述べる

『たんぽぽ』（東京書籍2年）は、たんぽぽの花が咲き、花がしぼんで実が育ち、種が綿毛と一緒に飛んでいき、また芽を出すと、たんぽぽが仲間を増やす様子を述べている。その変化の様子は、時間の順序で述べられている。

対等でない関係は、次の二つに整理することができる。

C　くわしい説明や例を述べる

『パラリンピックが目指すもの』（東京書籍3年）は、9段落でパラリンピックにとって大切な「勇気」「強い意志」「インスピレーション」「公平」の四つのものがあると述べ、10段落で四つのものについてくわしく説明する。

D　理由・原因・前提を述べる

『イースター島にはなぜ森林がないのか』（東京書籍6年）は、4段落でイースター島には最初、ほ乳動物は生息しなかったと述べ、5段落で太平洋の真ったただ中の島に泳いでたどり着けるほ乳動物がいなかったからだと理由を述べる。

もちろん厳密には、すべてが右のA～Dの四つの関係で整理できるわけではない。段落（文）相互の関係をとらえる際のものさしとして、まず四つの関係を理解しておくのである。

要約の指導の系統性は次のように考える。

低学年では、要約の指導はしない。問い（問題提示）が何であるのかを理解し、その答えがどこにどのように書かれているのかを理解することが大切である。

中学年では、要約の仕方を理解することが大切となる。問い（問題提示）をつかみ、答えが書かれている段落を見つけることができるようにする。そして、A～Dの段落（文）の相互関係を理解し、使っていけるようにしていく。教師の指導の下で、要約をおこなっていく。

高学年では、中学年で身につけた要約の仕方をもとに、自分の力で要約できるようにしていく。ただ単に要約するだけではなく、敬体を常体に直したり、他の言葉を補って文章を整えたり、決められた字数で要約文を考えることができるようにする。

7　要旨をまとめる

要旨とは、文章構成をふまえて、文章全体を短くまとめたものである。要約とは、文章の一部を短くまとめたものである。要約と要旨の区別を明確にして指導することが大切である。

要旨の指導は高学年からおこなう。要旨をまとめることは、抽象的な思考の学習でもあり、主として高学年で出会う論説文を学ぶことによって身につける力である。要旨の指導は小学校での指導で完結するものではなく、小学校高学年から中学校への課題になる。

小学校学習指導要領国語の第５学年及び第６学年の「読むこと」の指導事項には、次のように示されている。

ア　事実と感想、意見などとの関係を叙述を基に押さえ、文章全体の構成を捉えて要旨を把握すること。

要旨について、小学校学習指導要領国語の解説編に、次のように示されている。

要旨とは、書き手が文章で取り上げている内容の中心となる事柄や、書き手の考えの中心となる事柄などである。要旨を把握するためには、文章全体の構成を捉えることが必要になる。文章の各部分だけを取り上げるのではなく、全体を通してどのように構成されているのかを正確に捉えることが重要である。

（傍線は筆者）

要旨の指導は、文章全体の構成を読みとる構成よみに続く論理よみの中に位置づけられる。具体的には、段落（文）相互の論理関係を読みとり、要約をおこなった後、要旨をまとめるという手順になる。つまり要旨の指導は、論理よみの最後の段階といえる。

要旨をまとめる時には、説明文か論説文かを見極めることが重要である。説明文と論説文では要旨のまとめ方が違うからである。

① 説明文の要旨

説明文は、〈序論〉の問題提示をうけて〈本論〉で具体的に答え、〈結び〉で抽象的にまとめる。したがって〈結び〉を要旨にすることが多いが、その要旨では内容の具体がわからないことが多い。〈本論〉の叙述こそが具体であり、説明文の要である。したがって説明文は、問題提示に対して〈本論〉で述べている具体的な答えを要旨とする方がよい。

説明文の要旨をまとめる時の「文章全体の構成を捉える」とは、構成を意識し、問題提示と答えが、どこにどのように述べられているかなど、文章全体を俯瞰することである。つまり、要旨が問題提示に対応したものになっているのかということを考えなければならない。ただし、問題提示の答えがそのまま要旨になるのか、それともそれに筆者の意見も加えて要旨にするのか、言い換えれば読み手がどこを「書き手の考えの中心」とみるかという価値判断により、要旨のまとめ方に違いが生じることもある。

たとえば、『和の文化を受けつぐ―和菓子をさぐる』（東京書籍5年）は、和菓子の歴史、和菓子と他の文化との関わり、和菓子の文化を支えてきた人について述べた説明文である。〈結び〉でまとめを述べているが、まとめに重きをおいて要旨とするのか、それに筆者の意見も加えて要旨にするのかは、読み手の価値判断が入り込み、人によって要旨が微妙に変わってくることがある。

② 論説文の要旨

論説文は、筆者の考えを主張する文章である。したがって筆者の考えを読みとることが重要である。筆者の考えは、叙述のタイプによって、最初に示されることもあるし、最後に示されることもある。どこに、どのように示されているのかを読みとることで、要旨をまとめることができる。

論説文は、叙述のタイプによって筆者の考えが、どこで述べられているのかが違ってくる。

「帰結タイプ」（最終的に一つの答えになる文章）や「付加タイプ」（問題提示が文章全体をカバーしておらず、さらに付加している文章）の論説文は、〈結び〉に筆者の考えを述べていることが多く、〈結び〉の筆者の考えを要旨としてまとめる。『イースター島にはなぜ森林がないのか』（東京書籍6年）は、付加タイプの論説文であるが、問題提示の答えを21段落で述べ、さらに22段落以降にイースター島に森林が無くなった後のことを付加して述べている。このタイプの論説文の要旨は、それまで述べてきたことと付加したことを前提として、最終的な筆者の考えを要旨としてまとめる。

「結論提示タイプ」の論説文の『時計の時間と心の時間』（光村図書6年）は、〈序論〉で「心の時間」に目を向けることが、時間と付き合っていく上で、とても重要であるという筆者の考えを示し、〈結び〉で筆者の考えを再度繰り返し述べている。このタイプの要旨は、〈序論〉で述べている筆者の考えをまとめて要旨にする。なお〈結び〉で再度筆者の考えを述べている場合は、〈序論〉と〈結び〉のどちらの考えが、まとめとしてふさわしいのか判断して要旨としてまとめる。

8　吟味する（吟味よみ）

二〇一七年の中学校学習指導要領の第3学年「読むこと」は、「イ　文章を批判的に読みながら、文章に表れているものの見方や考え方について考えること。」（傍線は筆者）と述べている。

また、小学校学習指導要領国語の第5学年及び第6学年の「読むこと」では、次のように述べている。

ウ　目的に応じて、文章と図表などを結び付けるなどして必要な情報を見付けたり、論の進め方について考えたりすること。
オ　文章を読んで理解したことに基づいて、自分の考えをまとめること。
カ　文章を読んでまとめた意見や感想を共有し、自分の考えを広げること。
（傍線は筆者）

中学3年で述べられていることは、中学3年だけで取り組むのではない。それ以前の学年でも目標に向けた取り組みがなされていくべきである。小学5・6年も同様である。「論の進め方について考え」ること、「自分の考えをまとめること」、「文章を批判的に読」むことは、情報や書かれ方を吟味する力であり、文章をメタ的にとらえる力といえる。

しかし、「自分の考えをまとめなさい」「批判的に読みなさい」と言ったところで、そのための方法を子どもが持っていなくてはダメである。また教師の教材研究において、構成や論理が深く読めていることや批判的な読みができていることが、子どもの多様な反応や読みへの的確な対応を保証する。以下に、説明文・論説文を吟味するための六つの方法について述べる。

① わかりにくいところ・疑問・あいまいな箇所やもっと知りたいことを出し合う

説明文・論説文の読解では、「簡単にわかってやらない」ことを大事にする。文章にきちんと向き合うからこそ、わからないことや疑問が出てくるのである。わかろうとするから、もっと知りたいことも出てくるのである。文章の足りないところをはじめから教師が補ってしまうのではなく、子どもたちがわからないことや疑問を積極的に掘り起こすようにしていく。

『ビーバーの大工事』（東京書籍2年）では、ビーバーについていろいろと説明されているが、ビーバーの大きさは述べられていない。それを教師が説明してしまうのではなく、子どもたちが「ビーバーってどのくらいの大きさ?」と疑問を持てるようにする。『さけが大きくなるまで』（教育出版2年）では、さけの生態について書かれていないこともたくさんある（実践編参照）。そういったことを、疑問や知りたいこととして出せるようにしていくことで、文章に主体的に向き合う力が育っていく。

あいまいなところを見つけることも大事である。『花を見つける手がかり』（教育出版4年）に「少しはなれた所で、……もんしろちょうを、いっせいに放しました」とある。この「少しはなれた」とはどのくらいの距離なのだろうか。明示されていないから信頼性が揺らぐ、というほどのことではない。ただ、このようなあいまいな表現に着目できる力が、読み・書く上での正確さや厳密さを求める姿勢へとつながる。

子どもたちから出された疑問や知りたいことなどを、授業の中ですべて解決しなくてもよい。出せたことを評価するとともに、調べ学習やこれからの課題としていけばよいのである。

② 叙述の順序を考える

並列型の文章では、なぜそのような順序で述べているかを考えることで、筆者の意図や文章の工夫を考えることができる。また、述べられている答えに共通していることや違いを読むことも、順序の意味を考えることになる。このことは、展開型の文章において順序の意味を考えることへとつながっていく。

『いろいろなふね』（東京書籍1年）は、客船、フェリーボート、漁船、消防艇の順序で述べる。子どもたちにとって身近なものから順に述べることで、わかりやすい叙述になっている。『すがたをかえる大豆』（光村図書3年）は、大豆のかたちをそのまま残すものから、大豆に手を加えたもの、大豆に別のものを加えて加工したもの……と次第に複雑になっていく。ここにも、わかりやすいものから説明しようとする工夫がある。

ただし、順序は常に身近なもの、わかりやすいものからとは限らない。『自然のかくし絵』（東京書籍3年）では、保護色の例として、トノサマバッタよりも先にコノハチョウをあげる。枯れ葉と見分けがつかないコノハチョウをはじめに示すことで、保護色をより効果的に子どもたちに伝えることができる。

③ 対比や比喩などの表現の効果を考える

対比は、わかりやすく説明するための効果的な方法の一つである。『どうぶつの赤ちゃん』（光村図書1年）は、ライオンとしまうまを対比することで、違いを明確にし、わかりやすく説明する。『くらしの中の和と洋』（東京書籍4年）では、和室と洋室を対比して、それぞれのよさを説明している。対比は、ともすればその違いだけに目を向けがちであるが、共通する要素があるからこそ、比べることができるのである。共通点をおさえた上で、違いを読みとっていくことが大切である。

説明文・論説文における比喩は、文学作品のそれとは異なる。文学作品の比喩は、形象を豊かにしていくところに意味がある。それに対し、説明文・論説文の比喩は、わかりやすく説明するところに重きがある。『言葉の意味が分かること』（光村図書5年）では、言葉の意味を「点」「面」と比喩で表現することで、筆者の考えがわかりやすく表現されている。

④　構成や論の展開を吟味する

〈はじめ〉がどこまでかわかりにくいものや、〈なか〉の分け方を巡って意見が分かれる文章もある。また〈はじめ〉のない文章、〈おわり〉のない文章もある。なぜ〈はじめ〉がないのか、どうして〈おわり〉が書かれなかったのか、〈なか〉の分け方で意見が分かれたのはどうしてか……。そこから、筆者の意図が見えてきたり、構成の弱さが見えてきたりする。『和の文化を受けつぐ―和菓子をさぐる』（東京書籍5年）の12段落は、先行する叙述のまとめと〈なか3〉の問題提示の二つが一緒に述べられており、どちらに入れたらよいのか悩ましい。

問題提示にそって読むことで、問題提示に対応しない段落が見えてくることがある。『「鳥獣戯画」を読む』（光村図書6年）は、「鳥獣戯画」という絵巻を読むことに主眼がある。ところが、8段落で「鳥獣戯画」以外の絵巻や江戸時代の絵本などについて述べる。叙述の一貫性から考えれば、8段落の内容は脇道にそれているとの見方もできなくはない。そこを手がかりに、8段落の必要性を検討するのである。

きちんとした構成になっていないから、問題提示にそっていないからダメだというのではない。構成や叙述の一貫性を考える力は、子どもたちの表現する力（話す力・書く力）につながっていく。

論説文の多くは、展開型で帰結タイプ・結論提示タイプである。論説文では、筆者の考えが結論として示される。したがって、そこで示された事実や例、説明などが結論を支えるものになっているかどうか、言い換えれば筆者の考え（結論）に納得できるかどうかが、読む上の大事なポイントになる。結論とその論拠とを照らし合わせて検討することが求められる。それが、後述の意見文へとつながっていく。

⑤　論理を読む

その1　記述や解釈のズレを読む

一つの文章の中でも、前後の表現がズレていることがある。そのような箇所に着目できることで、批判的に文章を読む力が鍛えられていく。以前の教科書に、次のような記述があった。

> また、家庭内でめいめいが自分せん用のはしを持っているのも日本だけで、他の国では「だれのはし」と決められていません。ただ、モンゴルでは、肉のかたまりを切り分けるナイフとはしがセットになっていて、一人ずつ持っています。
>
> （学校図書「手で食べる、はしで食べる」『みんなと学ぶ　小学校国語　4年下』平成23年度版）

自分専用の箸を持つのは「日本だけ」と述べておきながら、直後にモンゴルでも「一人ずつ持ってい」るというのでは、整合性に欠ける。『イースター島にはなぜ森林がないのか』（東京書籍6年）で、ラットについて「〜ヤシの木の再生をさまたげたらしい」「〜育つことができなかったようなのである」と推量の表現になっている。にもかかわらず、21段落ではそれが断定になり、表現がズレてしまっている。

その2　他の選択可能性はないか考える

『花を見つける手がかり』（教育出版4年）では、もんしろちょうが花を見つける手がかりとして、「色」「形」「におい」の三つをあげている。しかし、その三つだけで他の可能性はないのだろうか。『動物たちが教えてくれる海の中のくらし』（東京書籍5年）では、14種類の動物の大きさと泳ぐ速さが示される。なぜそれらの動物が選択されたのか、筆者の恣意的な選択の可能性はないのだろうかという視点が持てると、より批判的な検討ができるようになっていく。もちろん、文章内の情報だけで可否を決めることが難しい場合もある。

そのような場合に、調べ学習に発展させていってもよい。また、他の選択可能性はないかという見方ができるだけでも、子どもたちの見方・考え方の幅を広げていく上で有効である。

⑥ 意見文を書く

論説文の読解では、筆者の考えを読みとるだけでなく、読み手の考えを対置していくこと―意見文を書くこと―が求められる。

書きはじめは、型にはめて書けばよい。「わたしは、○○さんの考えに賛成（反対）である。なぜなら、〜」といったような型にはめることで、書きはじめをどのように書いたらよいかということに悩まなくてすむ。また、一つの文章をまるまる書くのではなく、部分を書くことからはじめるとより書きやすくなる。書き慣れていく中で、長い文章も書けるようになっていく。さらに、子どもたちが書く材料をきちんと持てるようにすることである。そのためにも、グループや全体での意見交換の場をしっかりと設定することが重要である。ここで大事なことは、子どもの考えの本気度ではない。ある立場に立って、論理的に考えを主張できる力を育てていくのである。子どもにも、そのことを話して理解させていくことが必要である。何について書いたらよいかが、わかっている状況で書きはじめることで、書くことへの抵抗は弱くなっていく。その点でも、吟味よみをして互いの意見を聞いた上で、意見文を書くことは有効といえる。

最後に、吟味よみの指導の系統性について述べる。

低学年では、①②③が中心となる。①は、文章を批判するためではなく、言葉や表現にこだわって読めること、積極的に文章に向き合うようにするところにねらいがあり、たくさん出し合えるようにしていきたい。②や③を取り上げることで、筆者の意図や工夫を見つけていく。全体として、文章のよいところを評価する。そして、吟味を通して学んだことを、書く場面や話す場面で子どもが使っていけるように指導することも大事にしたい。吟味よみを、自らの思考や表現する力へとつなげていくのである。

中学年では、①は授業の中で取り組みつつ、少しずつ予習や自主学習で取り組めるようにしていきたい。②も継続的に取り組んでいく。その際に、中学年で多くなる展開型の叙述の順序の意味も考えられるようにしていく。③は、表現技法の名前を教えるとともに、その効果や意味を子どもが説明できるようにしていく。④の構成や論の展開の吟味を通して、三部構成の意味をしっかりと理解すること、並列型と展開型の叙述の違いを理解していくことを大切にする。⑤の論理を読むことは、必要に応じて取り組んでいけばよい。全体として、評価的な吟味を優先し、批判的な吟味は必要に応じて取り組む程度でよい。意見文まではいかなくても、吟味を通して学んできたことを書くことや話すことの中で生かせるように指導する。

高学年では、①②③については低・中学年の成果を引き継ぎつつ発展させながら指導し、子どもたちの自主的な学習の中で展開されていくように図っていく。④⑤が高学年の吟味の大事なポイントになってくる。教材によって吟味の観点が変わることは当然のことであり、教材に応じて主としてどの観点をもとに吟味をすすめればよいかを考えることが必要になる。また、論説文が多くなることに伴い、⑥の意見文を書く指導を積極的に取り入れていく。全体としては、評価的な吟味から批判的な吟味へと重点を移していく。そして、吟味よみを通して、批判的な見方・考え方を鍛えることや表現する力を育てていく。

コラム3

吟味で学んだことを推敲に生かす

ロシアの心理学者ヴィゴツキーは、書き言葉は音を欠いた言葉であり、対話者のいない会話であると述べている。加えて、子どもの書くことに対する欲求も低いと言う。子どもにとって、書くことは難しいことであり、その意欲が低いのは当然のこと、と私たちは了解しておかなくてはならない。だからこそ、書くことが苦痛ではないところから指導をはじめることが大切になる。書きはじめを決め、型にはめて書くのも、この点に拠っている。

書くことは、自らの思考を整理していく過程である。整理された考えが、文字になっていくのではない。書きながら考えを整理し、整理しながら書いているのである。推敲は、自分の書いたものを見直しながら、思考を整理し、より明快にしていく過程といえる。

では、どのように推敲していけばよいのか。

書き上げたら、すぐに赤ペンを持って推敲にかかる。早くできた子どもから取り組むことで、手持ち無沙汰な子どもはいなくなる。その際に、以下の推敲のポイントを順次教えていくのである。まず、平仮名で書いたところを漢字に、漢字や言葉の間違いといった表記を直す。次いで、原稿用紙の使い方（段落の一字下げや行頭・行末の禁則など）を点検する。そして、「てにをは」の間違い、文の長さ（一文を短く書けているか）や主述のねじれがないかの見直し。高学年では常体で統一できているかという点も大事になる。さらに、わかりにくい表現や曖昧な表現はないか、無駄な（書く必要のない）表現はないか。例が具体的にくわしく書けているか、結論を支える理由になっているか。構成がきちんとできているか。説明文・論説文の吟味で学んできたことを推敲に生かすように指導していく。

第1節　小学校低学年

1　『くちばし』『どう　やって　みを　まもるのかな』『だれが、たべたのでしょう』

（光村図書・東京書籍・教育出版　1年）

(1)　教材の説明と文種

『くちばし』は、鳥の嘴の形と餌との関係を述べている。『どう　やって　みを　まもるのかな』は、動物の身の守り方を述べている。『だれが、たべたのでしょう』は山や森での食べ跡と、それを食べた動物について述べている。三教材とも、問いと答えの関係を中心に構成されている、小学1年生の説明文入門期の教材である。一文一段落になっているので、構成表も含めて、すべて文番号で示す。

(2)　構成よみ

くちばし

なか			はじめ
⑯～②			①
なか3 ⑯～⑫	なか2 ⑪～⑦	なか1 ⑥～②	
はちどり	おうむ	きつつき	わだい

どう やって みを まもるのかな

なか			はじめ
⑰～②			①
なか3 ⑰～⑫	なか2 ⑪～⑦	なか1 ⑥～②	
すかんく	あるまじろ	やまあらし	わだい

だれが，たべたのでしょう

おわり	なか		
⑯	⑮～①		
	なか3 ⑮～⑪	なか2 ⑩～⑥	なか1 ⑤～①
まとめ	木のはとむささび	まつぼっくりとりす	くるみとねずみ

構成表

説明文の入門期であり、「はじめ―なか―おわり」の三部構成をもとにとらえる必要はない。この段階では、文章をいくつかのまとまりでとらえられることを大事にしたい。『くちばし』では、きつつき・おうむ・はちどりの三つのまとまりをとらえる。三つのまとまりがとらえられることで、そのどれにも入らないことが見えてくる。結果として、文章全体を四つに分けることができる。

『どう　やって　みを　まもるのかな』には、やまあらし・あるまじろ・すかんくの三つのまとまりがある。これも、はじめの一文がそのどれにも入らず、結果的に四つのまとまりに分けることができる。

『だれが、たべたのでしょう』は、くるみとねずみ・まつぼっくりとりす・木の葉とむささびの三つのまとまりに分かれる。そして、最後の一文がそのどれにも入らず、全体のまとめになっていることから、これも四つのまとまりに分けることができる。

話題の変化が、内容の変化になる。まとまりをとらえることは、述べられている内容が変わっていることをとらえる力である。一つの文章が、いくつかのまとまりに分けられることを理解させていきたい。

(3) 論理よみ

説明文における問いは、筆者がわからないから聞いているのではない。読者をそこに注目させるために問うのである。問いは、筆者の述べようとすることを指し示すための工夫である。多くの場合、問いの文を除いても文意は変わらないことからも、叙述において問いの文はなくてはならないものではないことがわかる。筆者の述べようとすることを指し示し、読者の目をそこに向けさせるという意味で、問いの文は重要なのである。問いに対して意識的になっていくように、問いの文を赤鉛筆で枠囲みさせる。答えの文は青鉛筆で枠囲みする。

『くちばし』

全部で十六の文がある。最初の一文を除いて、五つずつの文で、三つのまとまりに分かれる。きつつき・おうむ・はちどりのまとまりは、すべて同じ文章展開になっている。以下、②〜⑥文のきつつきについて述べる。②文でくちばしの形状を説明し、③文で何のくちばしかを問う。④文できつつきのくちばしであると答え、⑤文でくちばしの働きを説明し、⑥文でその理由を説明する。③文の問いに答えているのは、④文である。⑤・⑥文が、①文で述べたくちばしの形状（とがっていること）の理由（わけ）になっている。くちばしの形状は、鳥のえさ（何を食べているか）と関係していることがわかる。

『どう　やって　みを　まもるのかな』

全部で十七の文がある。最初の一文を除いて、三つのまとまりに分けられる。やまあらし・あるまじろの二つは、同じ文章展開である。すかんくのまとまりだけ、文が一つ多くなっている。三つのまとまりが、全く同じではないことを、子どもたちが見つけられるように指導していけるとよい。

②文でやまあらしを紹介し、③文で背中のとげを説明する。④文で問い、⑤文で答えている。⑥文は答えのくわしい説明である。あるまじろも同様である。

すかんくの場合は少し異なっている。⑭文の問いに対する答え⑮文は、すかんくの最終的な身の守り方である。⑯文の逆立ちで脅すのは、その前段階の身の守り方といえる。⑰文にあるように、逆立ちでダメな場合に、汁を飛ばすのである。すかんくの場合は、二段階の身の守り方が述べられている。

『だれが、たべたのでしょう』

全部で十六の文がある。最後の一文を除いて、三つのまとまりに分けられる。くるみとねずみ・まつぼっくりとりす・木の葉とむささびの三つのまとまりは、同じ文章展開になっている。①文でくるみの殻を示し、②文でそれをくわしく説明する。③文で誰が食べたかと問い、④文でそれに答える。⑤文は、食べ方をくわしく説明している。そのことで、②文のようになった理由がわかる。⑯文が全体のまとめになっている。

(4) 吟味よみ

三教材とも、問いの文が左ページの最後に来るようになっており、答えを見るためには、ページをめくる必要がある。答えがすぐに目に入らないように工夫されている。

『くちばし』は、きつつき・おうむ・はちどりの順に並列で述べられている。きつつきは、日本の在来種である。おうむは、ペットとして飼育されることもあり、子どもにとっては比較的馴染みがある。はちどりが、子どもたちにとっては一番身近ではない鳥といえる。

『どう　やって　みを　まもるのかな』は、やまあらし・あるまじろ・すかんくの順で、これも並列である。いずれも、もともとは日本にいない動物である。やまあらしの、とげをたてるというやや攻撃的な身の守り方に対し、あるまじろは、防御一辺倒の守り方である。その差が、やまあらしを先にしたと思われる。すかんくは、やや複雑な身の守り方なので最後にしたと考えられる。

『だれが、たべたのでしょう』は、くるみとねずみ・まつぼっくりとりす・木の葉とむささびの順で、これも並列である。ねずみが一番身近な動物といえる。むささびは、三者の中では一番珍しいといえる。

順序の意味を考えさせる。三教材とも、この順序である理由が必ずしもわかりやすいとはいえない。子どもたちに自由に答えさせていけばよい。これ以降の説明文の学習で、順序の意味を考える意識付けをねらいとする。ただし、文が一つ多くなっていることや、動物の珍しさなどには、きちんと目が向けられるとよい。

(5) 言葉による見方・考え方を鍛える発問アイデア

場面 **第2時全7時** **発問のねらい** **まとまりをつかむ。『くちばし』**

教師1 動物はいくつ出てきましたか？（**子ども**「三つ。」）
教師2 何と何と何？（**子ども**「きつつき・おうむ・はちどり」）
教師3 きつつき・おうむ・はちどりのことが書かれているのは、どこですか？（**子ども**「略」）
教師4 最初の①文は、その中のどこに入る？（**子ども**「どこにも入らない。」）
教師5 そうすると、いくつに分けることができる？（**子ども**「四つに分かれる。」）

場面 **第3時全7時** **発問のねらい** **問いの文のねらいを考える。『どう やって みを まもるのかな』**

教師1 「やまあらし」のまとまりには、いくつの文がありますか？（**子ども**「五つ。」）
教師2 （音読後）今、読んだ五つの文の中で、一つだけ違う文があります。どれですか？（**子ども**「……」）
教師3 なくても困らない文はないですか？（**子ども**「④文……」）
教師4 問いの文は、文章を書いた人がわからないから聞いているの？（**子ども**「違う。」）
教師5 どうして問いにしているのかな？（**子ども**「そのことを聞いてほしいから。」）
教師6 問いの文があることで、何を伝えたいのかがわかりやすくなるんだね。

2 『いろいろな　ふね』

（東京書籍　1年）

(1) 教材の説明と文種

きゃくせん・フェリーボート・ぎょせん・しょうぼうていの四つの船について述べている。一文一段落であるが、段落と表示する。十四段落からなる並列型の説明文。

(2) 語句

やく目　割り当てられた仕事。「やく（役）」は、仕事の意。役所・役員・役に立つなどがある。

(3) 構成よみ

『どうやってみをまもるのかな』では、話題ごとのまとまり、「問い―答え」の関係を読みとることを中心とした。ところが、『いろいろなふね』には、問いが出ていない。したがって、ここではまずどんな船が出てくるかを読みとらせて、六つのまとまりをとらえるところからはじめたい。この教材で三部構成を無理して教える必要はない。

『どうやってみをまもるのかな』に問いがあったこととつなげていくのであれば、『いろいろなふね』で問い

はじめ	なか				おわり
1	13 ～ 2				14
	なか1 4～2	なか2 7～5	なか3 10～8	なか4 13～11	
わだい	きゃくせん	フェリーボート	ぎょせん	しょうぼうてい	まとめ

構成表

を作ってみるのも一つのやり方である。たとえば、「どんなふねがあるでしょうか。」が考えられる。

(4) 論理よみ

2段落で、船を紹介する。3段落では、船の特徴が述べられる。4段落では、「きゃくしつ」「しょくどう」の働きが述べられている。次のような関係である。

2段落 → 3段落（客船のくわしい説明）→ 4段落（客室や食堂のくわしい説明）

以下、〈なか2〉〈なか3〉〈なか4〉の述べ方も同様。ただし、「きゃくせん」「フェリーボート」と「ぎょせん」「しょうぼうてい」では、述べ方に違いがある。「きゃくせん」「フェリーボート」では、特徴が「〜がありますと、船の中の場所が述べられている。「ぎょせん」「しょうぼうてい」では、特徴が「〜を　つんでいます」と、船が積んでいる道具について述べている。前者は、人や車を運ぶことを役割としている。だから場所が大事になる。それに対し後者は魚をとったり、火を消したりというある働きをするために道具を積んでいる船である。〈なか〉は四つに分かれるが、人や物を運ぶ船とある働きをする船の二つに分かれるともいえる。教師が説明するのではなく、授業の中で子どもたちが見つけていけるように指導したい。

「きゃくせん」「フェリーボート」の場合は作りと呼ぶにふさわしいが、「ぎょせん」「しょうぼうてい」は、作りというのはややふさわしくない。作りというよりも積んでいる道具なのである。「つくり」という言葉に対して、子どもたちにそこまで厳密にこだわらせる必要はないが、教師は意識しておいた方がよい。

(5) 吟味よみ

「きゃくせん」「フェリーボート」「ぎょせん」「しょうぼうてい」の順番で説明している。子どもたちにとって、身近な船から紹介している。したがって、自分の体験を重ねて読むことができる。「ぎょせん」や「しょうぼうてい」は、子どもたちにとってあまり身近ではない。知ってはいても、乗ったことはない船といえる。身近な、よく知っているものから説明することで、読み手にとってわかりやすく、読みやすくなる。また、身近な船だけでなく、そうでない船をも説明することで題名にある「いろいろな」船のことを紹介することになっている。

また「きゃくせん」「フェリーボート」は、人を乗せることが仕事であり、船の中にある「きゃくしつ」「しょくどう」の働きが述べられている。「ぎょせん」「しょうぼうてい」は、ある働きをするために船が積んでいる道具について説明している。人や物を運ぶ船と、ある働きをする船の二つに分けて説明していることも、説明をわかりやすくしている。

(6) 言葉による見方・考え方を鍛える発問アイデア

場面 **第2時全7時** **発問のねらい** **まとまりをつかむ。**

教師1 どんな船が出てきましたか?（**子ども**「「きゃくせん」「フェリーボート」……」）

教師2 全部でいくつの船が出てきましたか?（**子ども**「四つ。」）

教師3 客船のことが書かれているのはどこですか?（**子ども**「略」）

教師4 そうすると、「きゃくせん」「フェリーボート」「ぎょせん」「しょうぼうてい」の四つのまとまりが読みとれますね。では、1段落と14段落は、どの船のところに入れたらいいかな?（**子ども**「略」）

3　『はたらく　じどう車』

（教育出版　1年）

(1) 教材の説明と文種

バス・コンクリートミキサー車・ショベルカー・ポンプ車の四つの車の役割と作りを述べている。十三段落からなる並列型の説明文。二〇二〇年版は、1段落に「もんだい」を示す三つ目の文が付け加えられた。

(2) 語句

やくわり　割り当てられた仕事。「やく（役）」は、仕事の意。役所・役員・役に立つなどがある。

つくり　つくられた物の様子。

ですから　「だから」の丁寧な言い方。前に述べたことを理由として、その帰結を述べる言葉。

(3) 構成よみ

1段落③文に「もんだい」があり、じどう車の「やくわり」と「つくり」を述べる文章であることを示している。2～13段落で、四つの車について、それぞれ三段落ずつで述べている。〈おわり〉はない。

なか				はじめ
13 ～ 2				1
なか4 13～11	なか3 10～8	なか2 7～5	なか1 4～2	
ポンプ車	ショベルカー	コンクリートミキサー車	バス	もんだい

構成表

(4) 論理よみ

【はじめ】(1段落)

1段落③文は、問いの形ではないが、これから述べられることを示す問題提示の役割を果たしている。問いの文ではないので「もんだい」と呼んでおく。

【なか1】(2~4段落)

2段落が「やくわり」、3段落が「つくり」を述べている。4段落は、2・3段落をうけてバスが仕事をしている様子を述べている。3段落だけが二文あり、一文多い。文の数の違いに、子どもたちが気づくように指導したい。

【なか2】(5~7段落)

5段落が「やくわり」、6段落が「つくり」を述べている。7段落は、コンクリートミキサー車が仕事をしている様子を述べている。バスと共通するのは、「はこぶ」車であること。ただし、バスが人を運ぶのに対して、なまコンクリートを運ぶ点が異なっている。

【なか3】(8~10段落)

8段落が「やくわり」、9段落が「つくり」を述べている。10段落は、ショベルカーが仕事をしている様子を述べている。コンクリートミキサー車との共通点は、工事に関わる車であること。違いは、コンクリートミキサー車が運ぶ車であったのに対し、掘ったり削ったりと作業をする車であること。また、⑨段落では「うで」を「もっています」とショベルカーを擬人的に表現している。

【なか4】（⑪〜⑬段落）

⑪段落が「やくわり」、⑫段落が「つくり」を述べている。⑬段落は、ポンプ車が仕事をしている様子を述べている。ショベルカーと同じく、作業をする車である。

(5) 吟味よみ

・バス・コンクリートミキサー車・ショベルカー・ポンプ車の順序を考える

四つの車は、それぞれ前後の車と共通性を持つように並べられている。また最初に述べられるのは、誰もが乗ったことのある、身近なバスであり、わかりやすい車から述べている。

(6) 言葉による見方・考え方を鍛える発問アイデア

場面 第8時全9時

発問のねらい バスとコンクリートミキサー車との違いと共通しているところを考える。

教師1 バスとコンクリートミキサー車では、どんな違いがありますか？（**子ども**「略」）

教師2 では、二つのじどう車に共通しているのは何ですか？（**子ども**「じどう車・タイヤがある…」）

教師3 文章の中から探してください。（**子ども**「『はこぶ』こと。」）

教師4 そうすると違いがもう一つわかるね。（**子ども**「はこぶものが違っている。」）

4　『どうぶつの　赤ちゃん』　ますい　みつこ

（光村図書　1年）

(1) 教材の説明と文種

動物の赤ちゃんが生まれた時の様子や、育つ過程を、ライオンとしまうまを対比して述べている。本文の後に学習の広がりとして、カンガルーの赤ちゃんの例も掲載されている。七段落からなる並列型の説明文。

(2) 語句

うまれたばかり　生まれてから間もない、すぐの頃。

よわよわしい　体や力が「弱い」よりも、繰り返すことでさらに弱さを強調している。

えもの　狩りや漁でとれた食べ物のこと。ライオンにとってしまうまは獲物のひとつ。

(3) 構成よみ

[1]段落に二つの問いがあり、次に答えが述べられていくという構成は、『じどう車くらべ』と同じである。前の教材とのつながりを意識させながら、問いがある[1]段落は〈はじめ〉、二種類の動物の例が三段落ずつ示されているのでそれぞれを〈なか1〉〈なか2〉に分ける。〈おわり〉の段落はない。

なか		はじめ
[7] ～ [2]		[1]
なか2 [7]～[5]	なか1 [4]～[2]	
しまうま	ライオン	問い（生まれたばかりのときはどんなようすか。どのようにして大きくなるのか。）

構成表

(4) 論理よみ

【はじめ】(1段落)

冒頭に二つの問いがある。①文の問いを（とい1）、②文を（とい2）と決めておく。子どもたちの知っている他の動物をあげながら、なぜライオンとしまうまの例が述べられているのか、ここで疑問を持たせたい。

【なか1】(2～4段落)

（とい1）に対し、2段落では「体の大きさ」「目や耳」「親との比較」の三つの様子について、四つの文で答えが述べられている。「子ねこぐらい」という表現から、実際の大きさを想像したり、目や耳がとじたままとはどういうことかを考えたりしながら読んでいきたい。また、しまうまの例では、同じ三つの様子が三つの文で構成されている。ライオンの例では③文があることで、大人のライオンと比較して赤ちゃんの弱弱しさを際立たせている。

（とい2）に対しては、3・4段落で答えが述べられている。3段落の歩行能力の有無については、生まれたばかりの時の様子を「見た目」に限定し、（とい2）の答えとする。4段落では、お乳から食べ物への移行について「生まれて二か月ぐらい」「やがて」「一年ぐらい」という時間を表す言葉に着目させたい。

【なか2】(5～7段落)

〈なか1〉同様、5段落では（とい1）に対し、同じ三つの様子を述べながら答えている。6段落と7段落も同様に、（とい2）に対する答えである。「もうやぎくらい」「ぴんと立って」「たった七日」などの言葉で、ライオンに比べ、しまうまの赤ちゃんがしっかりとした状態で生まれてくることを強調している。強い動物からすぐにでも逃げないといけないため、必然的に次の日に走れる体で生まれてくることにも気づかせたい。

(5) 吟味よみ

同じ並列型の説明文である『じどう車くらべ』と違い、二つの答えを対比的に述べているところが本教材の特徴である。なぜライオンとしまうまを取り上げたのかを考えさせ、お互いが食う、食われるの関係であることに気づかせたい。生まれてすぐに敵から逃げなければいけない草食動物の宿命が、生まれる時の形態に影響しているのでは、という子どもたちのさらなる興味喚起につなげたい。では、なぜライオンを先に述べたのか、その順序性についても考えたい。人間の赤ちゃんの未熟なイメージと近い、ライオンの赤ちゃんを先に述べることで、次のしまうまの赤ちゃんの自立の早さが強調され、読み手の驚きが大きくなる。

(6) 言葉による見方・考え方を鍛える発問アイデア

場面 **第5時全8時**　**発問のねらい**　**なぜライオンとしまうまなのか?**

教師1　なぜライオンとしまうまが出てきたのですか。(**子ども**「人気だから。動物園に絶対いるもの。」)
教師2　赤ちゃんの時はどちらが強そうですか。(**子ども**「しまうま。大きいし、すぐに走れる。」)
教師3　大人になるとどちらが強いのですか。(**子ども**「ライオン。しまうまはライオンに食べられる。」)
(**子ども**「だから、食べる方と食べられる方で比べているんだ。」)
教師4　じゃあ、二匹を比べるのであれば、しまうまが先でもいいよね。(**子ども**「ライオンの方が先だよ。弱いもの。後からしまうまの赤ちゃんが強いことがわかって、びっくりする。」)

5 『どうぶつ園のじゅうい』 うえだ　みや

（光村図書　2年）

(1) 教材の説明と文種

獣医の仕事を、ある一日に限定し、時間の順序で述べている九段落からなる説明文。

(2) 語句

じゅうい　「じゅう」は動物のことであり、「い」は医者のことである。他に、校医ならば、「校」は学校のことであり、学校の医者である。

しいくいん　動物の部屋を掃除したり、えさをやったりする人。じゅういとの違いをおさえる。

見回る　あちこちを、注意して見て歩くこと。「見る」との違いをおさえる。

お昼前とお昼すぎ　お昼とは十二時である。お昼前は、十一時ごろ。お昼過ぎは、十三時ごろとなる。立て続けに仕事をしていることがわかる。

(3) 構成よみ

この文章は、2年生の説明文の第一教材『たんぽぽのちえ』と同様、問いがない。問いに代わるのが、1段

はじめ	なか	おわり
1	8～2	9
もんだい	ある一日のじゅういのしごと	まとめ

構成表

落④文の（もんだい）である。したがって、1段落が〈はじめ〉となる。

9段落「長い一日がおわります」という言葉が、1段落の「ある日～しごと」と対応しており、〈おわり〉となる。

〈なか〉は、獣医の仕事が時間の順序で述べられている。〈なか〉には、時間の順序を表す言葉が各段落の冒頭に述べられている。2段落「朝」、3段落「見回りがおわるころ」、4段落「お昼前」、5段落「お昼すぎ」、6段落「夕方」、7段落「一日のしごとのおわり」、8段落「どうぶつ園を出る前」とある。

(4) 論理よみ

【はじめ】（1段落）

獣医の仕事についての思いが書かれている②文に注目する。③文でその思いを持ってする仕事が述べられている。②・③文をうけて④文の（もんだい）がある。

【なか】（2～8段落）

〈なか〉は、〈はじめ〉の（もんだい）の答え、つまり獣医の仕事が書かれている。さらに、仕事をする理由や工夫が書かれており、表（次頁参照）にまとめるとわかりやすい。接続語や文末表現に着目させることで、時間の順序や仕事の内容と種類の理解が深まる。

2段落の仕事は、①文である。その仕事をする理由が②文と③文となる。理由を読みとる時には、「なぜかというと」と「からです。」という言葉に着目させる。

3段落は、②・③文をまとめて、仕事となる。ここで、注目する言葉は「そっと」である。なぜ、そっと当てる必要があるのか問うことで、獣医の工夫を読みとることができる。

[4]段落は、②・④文をまとめて、仕事となる。⑦文が工夫となり、「やっと」という言葉から獣医の努力を読みとっていく。

[5]段落以降も同様に読みとり、表にまとめていく。[5]段落は、「とてもいたい」であり、動物も人間と同じ感覚であることを筆者は理解していることがわかる。

[6]段落は、「大いそぎ」「早めに」という言葉から、緊迫した様子がうかがえる。[7]段落「毎日」、[8]段落「かならず」、どちらも、毎日する仕事を表す言葉である。

だんらく	いつ	どこ	どうぶつ	しごと	わけやくふう
[2]	朝	どうぶつ園の中		見回る	元気なときのどうぶつを見ておくと、びょうきになったときにすぐに気づくから。 顔を見せて、なれてもらうため。
[3]	見回りがおわるころ	いのししの家	いのしし	おなかにきかいを当てる	こわがらないように、えさをたべさせ、そっと当ててみた。
[4]	お昼前	びょういん	にほんざる	くすりをのませる	にがいあじが大きらいなので、くすりをこなにして、はちみつにまぜた。
[5]	お昼すぎ	ワラビーの家	ワラビー	はぐきのちりょう	いたいので、あばれないようにおさえてもらってちりょうをした。
[6]	夕方	ペンギンの家	ペンギン	くすりをのませて、はかせる	まちがえてボールペンをのみこんだので、大いそぎで手当てをした。
[7]	一日のしごとのおわり	びょういん		日記を書く	毎日、きろくをしておくと、よりよいちりょうができる。
[8]	どうぶつ園を出る前	びょういん		おふろに入る	どうぶつの体の中にある人間のびょうきのもとを外にもち出さないため。

(5) 吟味よみ

獣医の仕事を二つに分けることが重要である。3～6段落の仕事と2・7・8段落の仕事である。この違いをおさえる。ポイントは三つある。まずは、動物の名前が出てくるかどうかである。二つ目は、毎日する仕事とそうではない仕事である。それには、内容はもちろん、副詞に注目する必要がある。2・7段落の「毎日」と8段落の「かならず」である。三つ目は、各段落の①文の文末表現にも気づかせたい。3～6段落は「でした。」、2・7・8段落は「です。」となっている。

(6) 言葉による見方・考え方を鍛える発問アイデア

場面 第7時全7時 **発問のねらい** 獣医の仕事を二種類に分ける。

教師1 （表を見ながら）この獣医さんは、いのしし・にほんざる・ワラビー・ペンギンだけ治療するのかな？
（**子ども**「違うよ。他の動物も見ているよ。この日は、これらの動物の治療をしただけ。」）
教師2 表を見て、気づいたことはあるかな？
（**子ども**「動物が出てこない段落がある。」）
教師3 その時は、仕事をしていないのかな？
（**子ども**「しているよ。だって、動物たちが元気にくらせるためにしている仕事だから。」）
教師4 では、獣医の仕事をどのように二つに分けられるかな？
（**子ども**「毎日する仕事（2・7・8段落）と治療（3～6段落）です。」）

6 『おにごっこ』 もりした はるみ

（光村図書　2年）

(1) 教材の説明と文種

おにごっこのにげる側とおに側、両方の立場から、みんなが楽しめるためのきまりや遊び方を紹介していく。六段落からなる並列型の説明文。

(2) 語句

つけ足す　「つける」＋「足す」の複合語。すでにあるものに、新しく加えること。「つけ加える」も同様。

(3) 構成よみ

1段落に二つの問いがあり、6段落「このように」がまとめを表す接続詞であることから、2～5段落が〈なか〉であることがわかる。〈なか〉では、問いに対する答えとなる、遊び方のきまりや工夫が一段落ずつ述べられていくため、2段落を〈なか1〉、3段落を〈なか2〉とする。しかし、5段落は4段落で紹介されている遊び方の問題点を解決するために、新たなきまりが付け加えられている。したがって、4段落と5段落をまとめて〈なか3〉とし、4段落からのつながりを意識しながら読みとらせたい。

はじめ	なか			おわり
1	5 ～ 2			6
	なか1 2	なか2 3	なか3 5～4	
問い（どんなあそび方があるのか。なぜ、そのようなあそび方をするのか。）	にげてはいけないところをきめるあそび方	つかまらないばしょやときをきめるあそび方	おにがふえるあそび方と、長くあそぶためのくふう	まとめ

構成表

また、段落の冒頭に「また」「ほかに」「ところが」「このように」と接続詞があるので、段落のつながりを考えながら読むことができる。2年生の説明文教材のまとめとして、「はじめ―なか―おわり」が説明文の基本的な構成であることを理解させたい。

(4) 論理よみ

【はじめ】(1段落)
①文と②文でおにごっこについて紹介している。③文を(とい1)、④文を(とい2)と決めておく。

【なか1】(2段落)
「あそび方の一つに」という言葉から、これから複数の遊び方が述べられていくことがわかる。(とい1)に対する答えは①文にある「にげてはいけないところをきめるあそび方」である。②〜④文で(とい2)に対する答えである、遊び方の理由を述べている。その中でも、④文が最も理由を簡潔にまとめている。おにがつかまえやすくするためという、おに側の利点から考えられた遊び方である。

【なか2】(3段落)
「また」という接続詞で、前の段落と同じように答えを述べていく段落だとわかる。(とい1)に対する答えは①文にある「にげる人だけが〜あそび方」である。ノートや表にまとめる時は、「つかまらないばしょやときをきめるあそび方」とまとめるとよい。〈なか1〉と同様に、②〜④文で(とい2)に対する答えが述べられている。その中でも、③文が最も理由を簡潔にまとめている。にげる人が簡単にはつかまらないようにするためという、にげる側の利点から考えられた遊び方である。

【なか3】（4～5段落）

4段落の「ほかに」という言葉から、さらに答えを述べていく段落だとわかる。（とい1）に対する答えは①文にある「おにが交代せずに、～あそび方」である。②文はおに側の利点、③文はにげる側に課せられる課題、④文はその遊び方の効果が述べられている。おに側、にげる側両方の利点から考えられた遊び方である。

5段落では、さらに新しい遊び方が紹介されることが予想される。しかし、①文が「ところが」ではじまることから、5段落は4段落とつながりがあることに気づかせたい。4・5段落の共通点はおにが増える遊び方である。①文で4段落の遊びがすぐに終わってしまうという問題点を出し、③文でそれを克服するために、おにが手をつなぐという新しいきまりを提案している。④～⑥文には、その遊び方での双方の利点を述べ、⑦文で5段落のまとめを述べている。双方が楽しむために、きまりを付け足すよさを4・5段落で示しているため、4・5段落をまとめて〈なか3〉と考える。

【おわり】（6段落）

「このように」があることで、この段落が2～5段落のまとめであることを確認する。（とい1）に対する答えは各段落で述べられており、ここでは（とい2）に対し、②文にあるように、遊び方の工夫は、おに側とにげる側の双方が楽しむためであるとまとめている。それをうけて、③～⑤文は筆者の感想が述べられている。また、④文の「そのとき」が③文を指していることも確認する。

(5) 吟味よみ

四つの遊び方がなぜこの順で並んでいるのかを考える。きまりの難易度に着目すると、2段落は範囲を限定するのみ、3段落はつかまらない場所や時を限定するなど、きまりがどんどん複雑になっていく。また、きまりを作った理由に着目すると、2段落はおに側、3段落はにげる側、4・5段落は双方が楽しく遊ぶために考えられたきまりという順で並んでいる。最後に双方に配慮したきまりを述べている。この説明文を通して、自分と違う立場を考えることの大切さや、自分たちできまりを作るという子どもたちの主体性の育成につなげたい。

(6) 言葉による見方・考え方を鍛える発問アイデア

場面 **第2時全8時** **発問のねらい** **〈なか〉の構成を考える。**

教師1 遊び方は全部でいくつですか。（**子ども**「四つ。」）
教師2 じゃあ〈なか〉は四つに分けられますね。（**子ども**「はい。遊び方が四つだもの。」）
（**子ども**「でも、5段落は『ところが』ではじまっているから、4段落の続きだよ。」）
教師3 「ところが」はどんな時に使いますか。（**子ども**「『でも』みたいに反対のことを言う時。」）
教師4 4段落の遊び方では、困ることがあるのですね。（**子ども**「おにごっこがすぐに終わってしまう。」「5段落に『そこで〜』とある。5段落は、4段落の困ったことを解決する遊び方だ。」）
教師5 では、〈なか〉はいくつに分けられますか。（**子ども**「4・5段落がセットだから、三つ。」）

7　『たんぽぽ』　ひらやま　かずこ

（東京書籍　2年）

(1)　教材の説明と文種

たんぽぽが花を咲かせるところから、実を付け、種ができ、種を綿毛に付けて飛ばし、たんぽぽが仲間を増やしていくまでの様子を時間の順序にそって述べている。十段落からなる説明文。

(2)　語句

しぼむ　ふくらんでいたものが、生気をなくして縮む。

じゅくす　何かをするのに、ちょうどよい時期がくる。

(3)　構成よみ

1～2段落では根についてくわしく述べている。しかし、この文章の中心はたんぽぽの花が咲いてから種のついた綿毛を飛ばし新しいたんぽぽができるまでを時間の順序で述べたところにある。根の箇所だけが時間の順序とは異なる述べ方になっているので、ここを〈はじめ〉ととらえる。

また、〈はじめ〉がなく、1～2段落も〈なか〉の一つととらえる考えもできる。1～2段落も根について

おわり	なか			はじめ
10	9　～　3			2～1
	なか3 9～8	なか2 7～6	なか1 5～3	
まとめ	たんぽぽのわた毛	たんぽぽのみ	たんぽぽの花	わだい（たんぽぽのね）

構成表

具体的に述べており、そこに問題提示的な文もないことから、〈なか〉と考えることもできなくはない。

2年生の最初の説明文教材であり、この時点では「はじめ―なか―おわり」という構成をしっかりと理解している必要はない。大事なことは、「根」「花」「実」「綿毛」のまとまり（全部で五つのまとまりになる）で文章をとらえられることである。各まとまりで何回その言葉が用いられているかに着目してもよい。

1～2段落「ね（根）」　3回（「ね」は9段落まで出てこない）

3～5段落「はな（花）」　7回（6段落では花はしぼんでいる）

6～7段落「み（実）」　3回（他には5段落のおわりで一回出てくるだけ）

8～9段落「わた毛」　6回（他の段落にはない）

問いの文がないことにも着目させておきたい。単元の終わりの方で（10段落まで読み終わった後で）、10段落を参考に、問いの文を作ってみてもよい。

(4) 論理よみ

【はじめ】（1～2段落）　たんぽぽのね

1段落①文「たんぽぽは　じょうぶな　草です。」と最初に述べる。②文でその証拠をあげ、じょうぶな理由を③文で述べる。2段落は、根のくわしい説明である。「じょうぶ」の意味をしっかりと確認しながら、根のくわしい説明になっていることをとらえる。

【なか1】（3～5段落）　たんぽぽの花

3段落の四つの文は、時間の順序で述べられている。「はるのはれた日」「夕方」「よる」「つぎの日」と時間を表す言葉に着目しつつ、時間の順序に気づかせていきたい。5段落は、花のくわしい説明になっている。

【なか2】（6～7段落）　たんぽぽのみ

6段落、7段落も時間の順序である。3段落とは違うのは、時間を表す言葉がなく、経過を説明している。実が熟すとは、種ができることをつかむ。

【なか3】（8～9段落）　たんぽぽのわた毛

8段落、9段落も時間の順序で述べられている。

わた毛がひらく。↓わた毛に風があたる。↓わた毛は、風にふきとばされる。↓わた毛は、風にのって、とおくに行く。↓わた毛が土におち、たねが、めを出す。↓たんぽぽは、ねをはって、そだつ。

「ねを　はって、そだって　いきます」という表現は、1段落の「ねが　生きて　いて」2段落の「ながいねです」につながっていく。芽を出し、根を張って、花を咲かせ、種を作って、綿毛を飛ばすことが繰り返されている様子が思い描ける。

【おわり】（10段落）

「このようにして」が、まとめの言葉であることをつかむ。「このように」は、これ以降の説明文の読解においても大事な言葉であるので、ここでしっかりと意識させておきたい。「このように」がどこからどこまでかを、考えさせたい。1段落からというとり方もできなくはないが、この文章では「なかまをふやしていく」過程を意識させ、3～9段落とする。またそのことで、はじめに付ける問いの文はどのような文がよいかを考えさせるとよいだろう。

＊問いの文（例）　たんぽぽは、どのようにしてなかまをふやしていくのでしょうか。

(5) 吟味よみ

・3〜9段落が時間の順序で述べられていることで、たんぽぽがどのようにして仲間を増やしているかがわかりやすく述べられている。

・1〜2段落は、仲間を増やすことには直接関わらない。仲間を増やすことを述べるなら、3段落から「はるのはれた日に、たんぽぽの花がさきます。」とはじめてもよかったのではないか。筆者は、なぜ根のことを述べたのか、考えさせる。9段落とのつながりや、じょうぶな草であることを伝えたかったからといった意見が予想できる。

(6) 言葉による見方・考え方を鍛える発問アイデア

場面　**第2時全8時**　**発問のねらい**　**文章構成を読みとる。**

教師1　たんぽぽの根について書いてあるのは、どこまで？（**子ども**「2段落まで。」）

教師2　3段落からは何について書かれている？（**子ども**「花。」）

教師3　花について書かれているのはどこまで？（**子ども**「5段落・6段落。」）

教師4　6段落で花はどうなっている？（**子ども**「しぼむ。」）

教師5　咲いている花は5段落までだね。花がしぼむとどうなるの？（**子ども**「実が熟して種ができる。」）

（以下略）

8 『ビーバーの大工事』　なかがわ　しろう

（東京書籍　２年）

(1) 教材の説明と文種

ビーバーが川をせき止めて湖を作り、その中に巣を作るまでの工程を時間の順序にそって述べている。二十段落からなる説明文。二〇二〇年度版では、小見出しがなくなったが、文章変更はない。

(2) 語句

ダム　　　　川の流れを止めて、水を貯めておくところ。
せき止める　（川などの流れが）流れていかないように、ふさいで止めること。

(3) 構成よみ

[1]段落は「川のほとり」とビーバーが木を切り倒している場所を示している。[2]段落でビーバーが木の幹をかじっている様子が述べられ、「大工事」の中身に入っているといえる。したがって、[1]段落から〈なか〉と考える。題名が、話題提示になっている。

はじめ	なか				おわり
	[1]～[19]				[20]
	なか１ [1]～[7]	なか２ [8]～[9]	なか３ [10]～[15]	なか４ [16]～[19]	
なし	木を切りたおすビーバー	木をはこぶビーバー	ダムを作るビーバー	すを作るビーバー	まとめ（大工事のわけ）

構成表

したがって、この文章では、どのような「大工事」が行われるのか、その中身を読みとっていくことが重要になる。

20段落で、「あんぜんな　すを　作る　ため」と、大工事の理由が述べられている。20段落は文章全体に関わる段落といえる。したがって、20段落を〈おわり〉と考える。

〈なか〉は、ビーバーのしていることから、四つに分ける。

(4) 論理よみ

【なか1】（1〜7段落）

1・2・4段落の三段落で、ここでの出来事を説明できる。3段落は、2段落の木をかじっている様子をオノマトペで表現している。5段落は、ビーバーの歯の説明をしている。6段落は木の倒れる様子をオノマトペで表現している。7段落は木が倒される様子を説明するとともに、たくさんの木が倒されていることがわかる。3・5・6・7段落があることで、様子が生き生きと表現されている。オノマトペ、比喩といった用語を無理して教える必要はない。音や様子を表す言葉、たとえる言葉でもよい。

【なか2】（8〜9段落）

8段落で、切り倒した木を川の中へ運んでいる様子が説明されている。9段落は、ビーバーの体の作りと泳ぎ方を説明している。オノマトペが二箇所、比喩が一箇所、用いられている。

【なか3】（10〜15段落）

10・11・14段落の三つの段落でダム作りの様子は説明される。12・13段落の二つの段落で、ビーバーのすごさや家族みんなで頑張っている様子がよくわかるが、ダム作りの説明としてはなくてもよい。「12・13段落は必要か？」と問うことで、この二つの段落がある意味を考えさせるとよい。15段落はダムの大きさについて補足している。

【なか4】（16〜19段落）

16段落で湖ができること、17段落でそこに巣を作ることが述べられる。18段落は巣の作り方の説明、19段落はビーバーが湖の中に巣を作る理由を述べている。ビーバーが、なぜ湖の真ん中に巣を作るのかを考えさせ、19段落の役割をつかませたい。ビーバーの敵には、コヨーテやイタチ・テンなどがいる。これらの動物が入ってこられないようになっているから、安全な巣になるのである。

【おわり】（20段落）

ビーバーが「大工事」をする理由を述べて、1〜19段落のまとめになっている。

(5) 吟味よみ

・ビーバーについて、もっと知りたいことを考える

ビーバーの体長（一メートル前後）の説明はない。途中でビーバーの歯や後ろ足、尾のことなどを必要に応じて説明しているので、文章を読みすすめながらビーバーのことが少しずつわかっていく書かれ方である。教師がビーバーについて説明しすぎないようにして、子どもたちが文章を読んで、わからないこと、気になることを見つけるようにしていけるとよい。左記のような疑問を子どもたちが持ち、それについて調べ学習をしていくという展開をしてもよい。調べたことを、2～3文でまとめて、「ビーバーの大工事2（ビーバー新聞）」を作る活動を考えてもよい。

（例）「みじかく」どのくらいの長さか？（8段落）
ビーバーの前足はどうなっている？（9段落）
なぜ、夕方から夜中まで仕事をするのか？（13段落）
家族は、何匹くらいいるのか？（13段落）
ダムを作らないで、池や湖に巣を作ることはないのか？（14段落）

(6) 言葉による見方・考え方を鍛える発問アイデア

場面 **第6時全9時** **発問のねらい** **〈なか2〉を読む。**

（ダム作りの順序を読みとった後に）

教師1 10・11・14段落でダムをどのように作っているか、わかったね。12・13段落はダム作りに関係ないから、なくてもいいんじゃない？（**子ども**「だめ！ いる！」）

教師2 どうして？（なぜ12・13段落はいるんだろう？）（**子ども**「……。」）

教師3 12・13段落には何が書かれていた？（**子ども**「ビーバーは、五分～十五分ももぐっている。家族みんなで頑張っている。……。」）

教師4 12・13段落があることで？（**子ども**「ビーバーがダムを作るために頑張っていることがわかる。」）

9 『すみれと　あり』やざま　よしこ

（教育出版　２年）

(1) 教材の説明と文種

すみれのたねをありが運ぶことで、コンクリートの割れ目や高い石垣のすきまでもすみれが咲くことを述べている。〈なか〉は時間の順序にそって述べられている。十一段落からなる説明文。二〇二〇年度版で、文章に一部変更があった（後述）。

(2) 語句

道ばた　道の端《はし》のあたり。「端」は、中心から離れた部分の意。机の端、端っこなどがある。

どうやら　大体そう判断できることを表し、文末に「〜らしい」「〜ようだ」を伴う。（短文作りをさせるとよい）

(3) 構成よみ

[3]段落に問いがある。また、その後に行空きがあることもあり、ここまでを〈はじめ〉とする。

〈なか〉は、[4]段落のすみれが実を付けるところから、[9]段落のありが種を外に捨てるところまで。題名に

はじめ	なか		おわり
[3]〜[1]	[9]〜[4]		[11]〜[10]
	なか1 [6]〜[4]	なか4 [9]〜[7]	
問い	すみれのようす	ありのこうどう	こたえ（すみれのたねを、ありがはこぶわけ）

構成表

ある、すみれとありの二者が登場している。行空きもある。〈なか〉は、時間の順序で出来事が語られている。〈おわり〉は、〈なか〉で述べられた出来事の意味を説明している。11段落は3段落と対応した述べ方になっている。〈おわり〉は、時間の順序ではなくなっている。

〈なか〉は、二つに分けられる。〈なか1〉は、すみれの様子を述べており、すみれが文の主語になっている。〈なか2〉は、ありの行動を中心にしており、ありが文の主語になっている。

(4) 論理よみ

【はじめ】(1～3段落)

3段落に問いがある。「こんなばしょ」とは、「コンクリートの　われ目」や「高い　石がきの　すきま」であることを、きちんと読みとらせたい。この文章は、なぜそのようなところにすみれが咲いているのかを、説明する文章である。すみれが咲く季節としての「春」は、時の記述として重要である。

【なか1】(4～6段落)

三つの段落は、時間の順序で述べられており、順序を入れ替えると意味がわからなくなる。三つの段落を書いた三枚の貼りものを用意し、わざと順序を間違えて黒板に貼る。順序の間違いを子どもたちに見つけさせ、なぜダメなのかを考えさせる中で、出来事の起こった時間の順序で述べられていることを確認してもよいだろう。時間の順序であることを、子どもたちが見つけられるようにしていけるとよい。そのために、これまでに学習した並列型の説明文(『はたらくじどう車』など)と比べて、述べ方の違いを考えることも有効である。また、掲載の写真と文章を対応させることで理解を図ることも大事である。

時間の順序で述べた文章では、「花を　さかせた　あと」（4段落）、「よく　はれた　日」（5段落）といった時間の表現に注目させる。そして、その時に何があったのかをおさえていく。

【なか2】（7～9段落）

〈なか1〉と同様に、時間の順序で述べられていることを確認する。ここには、〈なか1〉のような時を示す記述はない。代わりに「しばらくすると」という時間の経過を表すつなぎ言葉がある。〈なか1〉と異なるのは、7～9段落の出来事はほぼ連続した時間の中でおこなわれていることである。ありの行動を、時間の順に整理してとらえることが大事になる。

9段落③文の以前の記述は「どうやら、たねは　たべないようです。」であった。現行は、白いかたまりに焦点をあてた述べ方になっている。

【おわり】（10～11段落）

すみれとありの関係を10段落でまとめている。11段落は、10段落の内容を問いに対応した答え方として言い換えたもの。10段落と11段落の順序を入れ替えてもわからないことはない。そこから、10～11段落は、時間の順序ではない述べ方になっていることに気づかせたい。

(5) 吟味よみ

・「ありとすみれ」という題名と比べ、順序の意味を考える

「と」は二つのものを並べる働きをする。それならば、表題のようにしても同じではないかと問うてみる。

子どもたちからは、「変えてはダメ」という意見が出されるだろう。なぜダメなのかを考えさせる。この文章は、すみれが仲間を増やすためにしている工夫が述べられている。3段落の問いも主語は「すみれ」である。10段落の三つの文も「すみれ」が主語であり、11段落②文も「すみれのたねは」が主語になる。すみれが中心で、ありはそれを助けるものである。「ありとすみれ」では、ありが中心になってしまう。二つを併記する時にも、その順序が大事になることをつかませる。

・比べ読みをする（仲間の増やし方を考える）

『たんぽぽのちえ』（光村図書2年）や『たんぽぽ』（東京書籍2年）は、たんぽぽの仲間の増やし方を述べた文章である。紹介し、どうやって仲間を増やしているかを読みとらせる。たんぽぽは、種を風に運んでもらう。種の運び方の違いに目を向けられればよいだろう。

(6) 言葉による見方・考え方を鍛える発問アイデア

場面 **第2時全8時**　**発問のねらい** **文章構成を読みとる。**

教師1 問いの文はありますか。（**子ども**「ある（3段落）。」）

教師2 「こんな　ばしょ」ってどこですか？（**子ども**「略」）

教師3 （10段落からが〈おわり〉になることを確認の後）4〜9段落を二つのまとまりに分けます。どこで分けますか？（**子ども**「……。」）

教師4 それぞれの段落は、すみれとあり、どちらのことを述べていますか？（**子ども**「略」）

教師5 すみれについて述べているのは？　ありについて述べているのは？（**子ども**「略」）

10 『さけが大きくなるまで』

（教育出版　2年）

(1) 教材の説明と文種

題名が示すように、さけの産卵・孵化・成長の過程を時間の順序で述べている。十段落からなる説明文。

(2) 語句

そして　前を受けて、後に続けるつなぎ言葉。

やがて　ある程度の時間の経過を表すつなぎ言葉。主に、書き言葉で用いられる。

けれども　前に述べたことと反することを述べるつなぎ言葉。

(3) 構成よみ

[1]段落に問い（問題提示）があり、[2]〜[10]段落でそれに答えている。〈おわり〉はない。[8]段落に「大きくなります」とあるので、ここまででさけの成長の過程は終わり、[9]〜[10]段落を〈おわり〉と考えたくなる。しかし、[9]段落では「三年も四年も」と具体的な年数が示され、[10]段落でさけが「もとの川へ帰ってくる」ことが述べられ、[2]段落につながることから、[9]〜[10]段落も〈なか〉ととらえる。

はじめ	なか				
[1]	[10]〜[2]				
	なか1 [3]〜[2]	なか2 [4]	なか3 [6]〜[5]	なか4 [8]〜[7]	なか5 [10]〜[9]
問い（さけは、どこで生まれ、どのようにして大きくなったのか）	たまごをうむ	赤ちゃんが生まれる	川を下る	海でのくらし	生まれた川に帰る

構成表

(4) 論理よみ

【はじめ】(1段落)

②文は一つの文であるが、どこで生まれたか(とい1)、どのようにして大きくなったか(とい2)の二つ問いがある。(とい1)(とい2)にどこで答えているかを、意識しながら読みすすめることが必要となる。

「あの七十センチメートルほどもある魚」とあるが、子どもたちの多くは、大人のさけのイメージを持てていない。写真や映像で見せて、イメージを作ることが肝要である。

〈なか〉は、時間の順序にそって述べられている。したがって、いつ・どこで・どうするか(時・場所・出来事)を読みとることが読解の中心になる。

【なか1】(2~3段落)

時…秋になるころ　場所…海から川へ、そして水のきれいな川上　出来事…海から川を上り、川上のすなや小石の川ぞこをほり、くぼみにたまごをうむ

【なか2】(4段落)

時…冬の間　場所…水のきれいな川上　出来事…赤ちゃんが生まれ、四センチメートルぐらいの小魚になる

ここが(とい1)の直接の答えとなる。ただし、〈なか1〉のたまごをうむまでの説明があるからこそ、4

段落がわかりやすくなる。その意味では、（とい1）の答えは、〈なか1・2〉で述べられているととらえる方がよい。

「赤いぐみのみのような」は、比喩（直喩）である。ぐみの実は一〜二センチ弱の大きさである。③文「その時」は、生まれた時を指す。④文「それ」は、えいようの入ったふくろを指す。

【なか3】（5〜6段落）

時…春になるころ　場所…川を下り、川口近く　出来事…五センチメートルぐらいの子どもたちは、川を下り、一か月ぐらい川口近くでくらし、八センチメートルぐらいになる。

〈なか2〉で三センチメートル、四センチメートルと大きさが示されている。ここから、五センチメートル、八センチメートルと大きくなっていく。〈なか3〜5〉が（とい2）の答えとなっている。

【なか4】（7〜8段落）

時…春から夏にかけて　場所…海　出来事…海の水になれ、体がしっかりしてくると、海でのくらしがはじまり、体が大きくなっていく。

6段落の川口の近くで一か月ぐらい過ごしていた理由が、海の水になれるためであったとわかる。

8段落①文「それ」は、海の食べものを指す。

【なか5】（9〜10段落）

時…三年間〜四年間がすぎる　場所…海　出来事…大きくなり、たまごをうむ時が近づくと、生まれた川へ帰る。

(5) 吟味よみ

文章を読みすすめながら、わからないこと、もっと知りたいことを出し合い、調べて発表していく。

(例)「たくさん」一度にどのくらいのさけが集まるのか。(2段落)　たまごをうんだら、さけはどうなるのか。(3段落)　冬のいつごろに生まれるのか。(4段落)　なぜ、海でくらすのか。海に出ないさけはいるのか。(7段落)　どうして生まれた川がわかるのか。(10段落)

(6) 言葉による見方・考え方を鍛える発問アイデア

場面 **第3時全8時** **発問のねらい** **(とい1)と答えの対応を読みとる。**

教師1 「どこで生まれ」(とい1)の答えを書いているのは？ **(子ども**「〈なか2〉(4段落)。」)
教師2 何て書いてある？ みんなで読んで。**(子ども**「(4段落①文を読む。)」)
教師3 「どこで」はどの言葉からわかる？ **(子ども**「……。」)
教師4 それがわかるのは(何段落？) **(子ども**「水のきれいな川上(3段落)。」)
教師5 そうすると「どこで生まれ」の答えの説明はどこからどこまで？ **(子ども**「2〜4段落。」)

【参考文献】

・越智典子・文　沢田としき・絵『ピリカ、おかあさんへの旅』福音館書店　二〇〇六年

＊四歳になったさけのピリカが、海から生まれた川へ帰り、卵を産んで死んでいくまでの物語。

第2節 小学校中学年

1 『こまを楽しむ』 安藤 正樹

（光村図書 3年）

(1) 教材の説明と文種

形状や遊び方の異なる六種類のこまを紹介しながら、それぞれの回し方や楽しみ方を述べている。八段落からなる並列型の説明文。

(2) 語句

どう　物の中心となる太い部分。こまの実物や写真を用いて理解させたい。

くうどう（空洞）「空」は空っぽの意味。「洞」は洞窟の洞でもある。穴が空いたような部分。

しんぼう（心棒）回転する物の中心部にある棒。「心」は中心の意味を表す。

安定　傾いたり倒れたりせず、そのままの状態を保っているこ

はじめ	なか						おわり
1	2 ～ 7						8
	なか1 2	なか2 3	なか3 4	なか4 5	なか5 6	なか6 7	
問い（どんなこまがあるのか。どんな楽しみ方ができるのか。）	色がわりごま	鳴りごま	さか立ちごま	たたきごま	曲ごま	ずぐり	まとめ

構成表

と。

くぼみ　平らな場所にあるへこんでいる部分。

(3) 構成よみ

1段落に二つの問いがあるので、1段落を〈はじめ〉とする。8段落は「このように」からはじまり、まとめが述べられていることから、8段落を〈おわり〉とする。したがって、問いに対する答えを述べている2～7段落を〈なか〉とする。2年生の『おにごっこ』で学んだ「はじめ―なか―おわり」の構成を確かめながら、自分たちで考えさせたい。

〈なか〉では、問いに対する答えとして、六種類のこまを紹介している。2～4段落のこまを「色」「音」「動き」など回る様子を楽しむこま、5～7段落のこまを「回し方」を楽しむこまと、〈なか〉を二つに分けることも考えられるが、6段落の曲ごまは主に「芸」として使われるこまであることや、7段落のずぐりはある地方だけの限定的なこまであることから、厳密には二つに分けることは難しい。したがって、それぞれの段落のこまを〈なか1〉～〈なか6〉とする。

(4) 論理よみ

【はじめ】（1段落）

二つの問いを（問い1）、（問い2）とする。（問い1）では「どんなこま」か、（問い2）では「楽しみ方」を問うていることを確認する。

【なか】（2～7段落）

2～6段落は四つの文で構成されている。問いは一つあるのに、各段落で答えは①文でまとめて述べられている。このことから、それぞれの段落の①文が「柱の文」といえる。②～④文は、柱の文をよりくわしく説明している。②文では、こまのどうや心ぼうなど、つくりの特徴について、③・④文で回る様子や回し方など、楽しみ方についてくわしく述べている。（3段落の④文はこまの別名について述べている。）

7段落の「ずぐり」のみ、五つの文で構成されている。②文で心ぼうが細い「ふつうのこま」について述べ、心ぼうが太いずぐりのつくりと対比させている。④文では回し方について、⑤文では雪国の人々の思いについて述べている。

【おわり】（8段落）

「このように」からはじまり、2～7段落の〈なか〉で例示された六種類のこまを「さまざまなしゅるいのこま」とまとめていることから、文章全体のまとめの段落であることがわかる。ここでは具体的なこまの名称は出てこず、抽象的な述べ方になっている。②文でつくりの共通点について、③文では1段落と同様、人々が工夫を凝らして様々なこまを生み出してきたことについて再び述べている。〈はじめ〉で述べたことが、〈なか〉で例をもとにくわしく述べられ、〈おわり〉でまとめているという構成を理解させたい。

(5) 吟味よみ

学習の終盤に、六つのこまがなぜこの順番なのか、様々な観点から考えさせてみるのも面白い。〈なか1〉～〈なか3〉では「色」「音」「動き」と回る様子を見た時の驚きがどんどん大きくなる。同時に、色がわりごまは子どもでも簡単に作れることから、こまのつくりの難易度も大きくなっていく。また、回す技術の難易度で考えると、ただ回すだけの色がわりごまから、紐を引っ張って回す鳴りごま、たたいて回し続けるたたきごまと、だんだん難易度が上がっていく。曲ごまについては、六つの中で唯一「見る人を楽しませる」とあり、自分が「楽しむ」こまである他の五つとは異なるので、終盤に例示されている。ずぐりについては、雪国という場所が限定されたこまであることから、少し異質である。どうしてその順番になっているのか、子どもたちが自分の言葉で説明できるとよい。

(6) 言葉による見方・考え方を鍛える発問アイデア

場面 **第8時全8時**　**発問のねらい** **事例の順序性を考える。**

教師1　いくつのこまが出てきましたか。（**子ども**「六つ。」）

教師2　色がわりごまとずぐりは、入れ替えてもいいですか。

（**子ども**「ダメ。ずぐりは特別なこまだから。」）

教師3　どうして特別なのですか。

（**子ども**「雪国だけのこまだから。最後に紹介した方が面白い。」）

教師4　後の五つの順番は、ばらばらでもいいね。

（**子ども**「曲ごまだけ、楽しませるこまと書いてあるよ。」）

（**子ども**「みんなが知っている順だよ。色がわりごまは作ったことがある。5～7段落のこまは初めて知ったよ。」）

（**子ども**「回すのが簡単な順だよ。たたきごまは難しそう。曲ごまも。」）

2 『ありの行列』　大滝　哲也

（光村図書　3年）

(1) 教材の説明と文種

ありの行列ができるわけを、実験・観察・研究を通して、明らかにしている。九段落からなる展開型（帰結タイプ）の説明文。

(2) 語句

行列　擬人化した表現であり、並んでいる様子を共有させたい。

道すじ・道しるべ　道という言葉から、ここでもありを擬人化している。

(3) 構成よみ

[1]段落④文が問いの文であり、〈はじめ〉となる。[9]段落で、その答えを「このように」でまとめている。よって、[9]段落が〈おわり〉となる。

〈なか〉は、ウィルソンがありの行列のできるわけを見つけるまでが述べられている。ここでは、ウィルソンがしたことを大きく二つに分けることができる。実験・観察と研究である。二つの実験（[3]・[4]段落）を示し、その結果からウィルソンの仮説（[5]段落）までが、〈なか1〉となる。〈なか2〉で、ウィルソンの仮説を

おわり	なか		はじめ
[9]	[8] ～ [2]		[1]
	なか2 [8]～[6]	なか1 [5]～[2]	
答え	ありの体の仕組みの研究	二つの実験・かんさつからわかったこと	問い

構成表

確かめるために、研究をすすめていき、おしりから、とくべつのえきを出すことがわかるようになる。なお、二つに分ける際、5段落がどちらになるか、子どもたちは迷うことが考えられる。ここで大切なことは、実験から仮説を導き、それをもとに研究し、わけを発見したという文章の流れを理解できることである。

(4) 論理よみ

【はじめ】(1段落)

1段落④文の「それなのに」は、③文の内容を指す。

> 〈はじめ〉の要約
> ありはものがよく見えないのに、なぜ、ありの行列ができるのか。(30字)

【なか1】(2〜5段落) 柱は、5

2段落で、「次のような実験」とあり、具体的な内容を3段落(実験1)と4段落(実験2)で述べている。5段落冒頭の「これら」が指し示しているのが、実験1と実験2である。5段落が実験からウィルソンの考えたこと(仮説)をまとめている。

3・4段落では、それぞれの段落内の接続語が時間の順序で述べられている。3段落では、「しばらくすると」いっぴきのありが見つける/「やがて」巣に帰る/「すると」たくさんのはたらきあり/「そして」道すじから外れない行列となる。4段落では、「すると」行列はちりぢり/「ようやく」いっぴきのありが、道のつづきを見つける/「そして」さとうに向かう/「そのうちに」他のありも見つける/「まただんだんに」行列ができるとなる。

〈なか1〉の要約
ウィルソンは、二つの実験かんさつから、ありが何か道しるべになるものをつけておいたと考えた。（45字）

【なか2】（6～8段落）柱は、8

6段落は、ウィルソンの考えを確かめるため、ありの体の仕組みを研究したことが述べられている。この研究から、7段落で「ありの行列ができるわけ」を知り、そのくわしい中身が8段落で述べられている。

6・7段落の接続語・指示語に着目すると、次のようだとわかる。「そこで」ありの体を研究／「すると」えきを出す／「それは」においのある、じょうはつしやすいえき／「この研究」行列のできるわけを知る

8段落は冒頭に接続語がない。8段落は、ありが主語である。ウィルソンのしたことではなく、ありの行列のできるわけを書いているからである。ウィルソンが発見したことをまとめているのである。要約は①・②文を元に行う。

〈なか2〉の要約
ありは、えさを見つけると、地面にえきをつけながら帰り、他のありたちは、そのにおいにそって歩くから、ありの行列ができる。（59字）

【おわり】（9段落）

「このように」は、文章全体のまとめであり、問いに対する答えを示している。

(5) 吟味よみ

今までの教材、たとえば『こまを楽しむ』は、並列型の文章である。『ありの行列』は、展開型（帰結タイプ）である。初めて出てくる展開型であるため、二つの違いを考えさせる。一つ目は、問いに対する答えの数の違いである。『こまを楽しむ』の答えは、複数ある。対して、『ありの行列』は一つである。

二つ目は、〈なか〉の順序性である。『こまを楽しむ』の〈なか〉の事例は、順序を変えても文章としては、通じる。『ありの行列』は、意味が通じなくなる。この順序性を考えることで、実験・観察から仮説を立て、研究・考察へとつながる論の進め方を理解できる。

(6) 言葉による見方・考え方を鍛える発問アイデア

場面 **第5時全5時** **発問のねらい** **展開型の論の進め方の特徴をとらえる。**

教師1 『こまを楽しむ』の答えはいくつ？（**子ども**「六つ。」）

教師2 『ありの行列』の答えは？（**子ども**「一つ。」）

教師3 どうして『ありの行列』は答えが一つなの？（**子ども**「『こまを楽しむ』は、いろんなこまのことを説明するけど、『ありの行列』は行列のわけを説明するから。」）

教師4 『こまを楽しむ』のように〈なか1〉と〈なか2〉を入れ替えてもいい？（**子ども**「おかしい。実験をしないと、考えて研究をすすめることができないから。」）

教師5 『ありの行列』は、実験・観察の〈なか1〉をうけて、研究の〈なか2〉へとつながる。今まで学習してきた説明文と述べ方が違っているね。

3 『自然のかくし絵』 矢島　稔

（東京書籍　3年）

(1) 教材の説明と文種

昆虫がほご色で鳥やトカゲから身を守っている様子を、コノハチョウ・トノサマバッタなどを例に述べている。十二段落からなる展開型（小問タイプ）の説明文。

(2) 語句

かくし絵　絵の中に、よく注意して見なければわからないように工夫して、他の絵を描き込んであるもの。『嫁と義母』『ルビンの壺』などが有名。事前に見せておくとよい。

(3) 構成よみ

3年生の最初の説明文であるが、〈はじめ〉に問題提示がない、やや変則の構成である。3段落と8段落に問いの文があることに着目させたい。それぞれに文章全体に関わる問いではない。したがって、そのまとまりが〈なか1〉〈なか2〉となり、右の構成表となる。〈はじめ〉には、問題提示がなく、ほご色という話題提示

はじめ	なか		おわり
2～1	11 ～ 3		12
	なか1 7～3	なか2 11～8	
話題提示（ほご色のしょうかい）	どのようにてきから身をかくすか	どんなときでも身を守れるか	まとめ

構成表

に終わっている。〈はじめ〉を読むだけでは、題名の意味は理解できない。〈おわり〉には、「このように」というまとめの言葉があり、題名「自然のかくし絵」がここで初めて登場している。

⑷ 論理よみ

【はじめ】（1～2段落）

セミやバッタが木の幹や草の色と似た色をしていることで見分けにくいことを例に「ほご色」という話題を提示している。ここで、「ほご色」の定義をきちんとおさえる。あわせて、このように言葉の定義を述べているところは、赤鉛筆で傍線を引くなどして着目するように指導する。

【なか1】（3～7段落）柱は、4・5・6

3段落の問いに答えている段落は4・5・6段落である。三つの例をあげているが、それぞれほご色のあり方が違っていることに気づかせたい。コノハチョウは、「羽をとじたときの形も木の葉そっくり」のため、木の枝にとまっていると、枝にのこった枯れ葉と見分けがつかない。トノサマバッタは、「自分の体の色がほご色になるような場所をえらんですんでいる」。ゴマダラチョウのよう虫は、「まわりの色がへんかするにつれて、体の色がかわっていく」。コノハチョウとトノサマバッタは、自分の色は変えていない。ゴマダラチョウは、自分の色を変えている。

7段落は、3段落の問いの答えにはなっていない。したがって、〈なか1〉のまとめにはならない、付け足しである。〈なか1〉の要約は、三つの例でまとめる。

〈なか1〉の要約

コノハチョウは、木のえだにとまっていると、えだにのこったかれ葉と見分けがつかない。トノサマバッタは、自分の体の色がほご色になるような場所をえらんですんでいる。ゴマダラチョウのよう虫は、まわりの色がへんかするにつれて、体の色がかわっていく。（119字）

【なか2】（8～11段落）柱は、10・11

8段落の問いに直接に答えている段落は10・11段落である。9段落は「どんなときでも」に答えているのではなく、「～鳥やトカゲなどが色を見分ける力は、人間と同じくらい」と10・11段落の前提となる説明をしている。10段落は③文が答えとなる。11段落は①文が答えとなる。

〈なか2〉の要約
ほご色は、じっとしているかぎりこん虫が身をかくすのに役立つが、動いたときなどには、鳥やトカゲに食べられてしまうことがある。（61字）

【おわり】（12段落）

「このように」で、3～11段落の内容をうけてまとめている。最後の一文で、題名の意味が明かされる。

(5) 吟味よみ

・述べる順序を考える

〈なか1〉は3段落に問いがあり、それに対して三つの例をあげて答えている。この部分だけを見るならば、並列型の述べ方である。したがって、4・5・6段落は入れ替えても意味がわからなくなることはない。この場合、各段落のはじめの言葉「たとえば」「また」「さらに」は動かさないものとする。しかし、コノハチョウとトノサマバッタは、周囲の様子や色に合わせた色をしているが、ゴマダラチョウは、周りの色に合わせている。周囲の色に合わせるものから、周りに合わせて色を変えるものという順序で述べていることがわかる。ゴマダラチョウを先にしたのは、枯れ葉そっくりということで読み手に与えるインパクトがより大きいからではないかと考えられる。筆者が、説明する順序を考えて説明していることがわかる。

また、〈なか1〉と〈なか2〉の入れ替えができるか考えてみるのも面白い。〈なか1〉は、ほご色を具体例をあげて説明している。〈なか2〉は、ほご色が役立つ時とそうでない時を説明している。〈なか1〉のほご色の説明があるから、〈なか2〉はわかりやすいのである。並列型の述べ方との違いをとらえさせたい。

(6) 言葉による見方・考え方を鍛える発問アイデア

場面 **第2時全8時**　**発問のねらい**　**〈なか2〉の柱の段落・文をつかむ。**

教師1　〈なか2〉の柱の段落は⑨～⑪段落でいいかな？（**子ども**「よい」「よくない」で意見が割れる。）
教師2　⑨段落は、問いの答えになっている？（**子ども**「なっていない。」）
教師3　⑨段落の役割は？（**子ども**「⑩・⑪段落を述べるための前置き（前提）。」）
教師4　⑩段落の「柱」の文は？（**子ども**「③文。」）
教師5　⑪段落の「柱」の文は？（**子ども**「①文。」）
教師6　⑩・⑪段落の関係は？（**子ども**「⑩段落は、ほご色が役立つ時、⑪段落は役に立たない時。」）

4 『パラリンピックが目指すもの』

藤田　紀昭
（東京書籍　３年）

(1) 教材の説明と文種

障害者スポーツの祭典であるパラリンピックの競技種目と四つの大切なことについて説明している。十一段落からなる展開型（付加タイプ）の説明文。「水泳」「ボッチャ」の小見出しは段落に入れない。

(2) 語句

しょうがい　「障害」「障がい」「障碍」など、いくつかの表記がある。一般的には「障害」を使うことが多いが、「害」の漢字を使わず「障がい」と表記することも多くなってきている。

(3) 構成よみ

①〜③段落は、オリンピックとパラリンピックを説明している。④段落は、パラリンピックの競技の概要を説明し、問題提示を示している。したがって、ここが〈はじめ〉である。

④段落の問題提示をうけて、⑪段落で、パラリンピックは、人が持つ多様さを認め、誰もが平等に活躍できる社会の実現を目指すためであるとまとめている。したがって、ここが〈おわり〉である。

はじめ	なか			おわり
④〜①	⑩　〜　⑤			⑪
	なか１ ⑥〜⑤	なか２ ⑧〜⑦	なか３ ⑩〜⑨	
問題提示	水泳の説明	ボッチャの説明	パラリンピックの大切な四つのもの	まとめ

構成表

4段落の問題提示は、5～8段落までにしかかかっておらず、9～10段落にはかかっていない。しかし9～10段落を付加することで、水泳とボッチャの競技のルールの変更の理由を知ることができる。したがって、5～10段落が〈なか〉になる。この文章は、どこからが〈おわり〉なのかを判断するのが難しいが、9～10段落を付加と見ることで、構成がきれいに見えてくる。

(4) 論理よみ

【はじめ】（1～4段落）

1～3段落は、二〇二〇年に開かれるオリンピックとパラリンピックについて説明しており、それをうけて、4段落の問題提示につながっている。題名が文章全体の方向性を示している。

【なか1】（5～6段落） 柱は、5

5段落でパラリンピックの水泳の説明をしている。6段落で障害の種類や程度によって、ルールが変更されていることを具体的に説明している。6段落は5段落のくわしい説明である。6段落の障害の種類や程度によるルールの工夫が〈なか3〉〈おわり〉の公平や平等という言葉につながる。柱の文は5段落①・②文である。

〈なか1〉の要約
パラリンピックの水泳は七種目あり、しょうがいのしゅるいやていどによって、ルールの一部をかえるくふうをしている。（54字）

【なか2】（7～8段落） 柱は、7

7段落でボッチャの説明をしている。8段落はボールをうまく持てなかったり、運べなかったりする選手のためのルールについて具体的に説明している。8段落は7段落のくわしい説明である。柱の文は7段落①文である。ランプについての説明や図がなく、ややわかりにくい。

〈なか2〉の要約
ボッチャは、重度しょうがい者も参加できるように考えられたスポーツである。（36字）

【なか3】（9〜10段落）柱は、9

9段落はパラリンピックにとって大切な四つのことを説明し、10段落で四つのことをくわしく説明している。四つの大切なものが題名の「パラリンピックが目指すもの」につながる。柱の文は9段落の①・②文である。

〈なか3〉の要約
パラリンピックの選手たちにとって大切なものは、「勇気」「強い意志」「インスピレーション」「公平」の四つである。（55字）

【おわり】（11段落）

〈なか1〉〈なか2〉の障害の種類や程度によるルールの工夫が、〈なか3〉の四つの大切なものにつながり、11段落②文でパラリンピックが目指すものとしてまとめられている。

〈おわり〉の要約
パラリンピックは、多様さをみとめ、だれもが平等に活やくできる社会の実現を目指すものである。（45字）

(5) 吟味よみ

あまり知られていないパラリンピックの競技やルールについて、わかりやすく説明している。〈なか1〉と〈なか2〉の順序性について子どもに考えさせたい。よく知られていて、わかりやすい水泳を先に説明して、あまり知られていないボッチャを後で説明していると考える。水泳やボッチャのルールの工夫こそが、人が持つ多様さを認め、誰もが平等に活躍できる社会の実現を目指すというまとめを支えている。同時にそのまとめは、選手のためだけではなく、選手が世界の人々にアピールしているものでもある。

(6) 言葉による見方・考え方を鍛える発問アイデア

場面 **第10時全10時** **発問のねらい** **〈なか1〉と〈なか2〉の順序性について考える。**

教師1 〈なか1〉と〈なか2〉を入れ替えてもいいですか。
（子ども「いいと思います。水泳の説明を先にしても、ボッチャの説明を先にしても同じだと思います。」）
（子ども「よくないと思います。」）
教師2 なぜですか。**（子ども**「……。」）
教師3 水泳の競技は知っていましたか。**（子ども**「知っていました。」）
教師4 ボッチャの競技は知っていましたか。**（子ども**「初めて知りました。」）
教師5 わかりやすい説明はどちらですか。
（子ども「水泳です。ボッチャはよくわからないから、水泳の説明を先にする方がわかりやすいと思います。だから〈なか1〉と〈なか2〉は入れ替えない方がいいと思います。」）

5 『めだか』　杉浦　宏

（教育出版　3年）

(1) 教材の説明と文種

めだかの、身の守り方と自然の厳しさに耐える体を持っていることを述べている。冒頭の「めだかの学校」の歌詞を[1]段落とする。十三段落からなる展開型（小問タイプ）の説明文。二〇二〇年度版は、従来の[10]段落③文が新たに[11]段落となった結果、一段落増え、文章にも一部変更が見られる。

(2) 語句

体長　動物の体の長さ。

きびしさ　形容詞の語幹に接尾語「さ」がついて、名詞になる。（例…やさしさ、楽しさ、美しさなど。）

まみず（真水）　塩分のまじらない普通の水。海水との対比で理解するとよい。また、海水と淡水が入りまじった塩分の少ないものを汽水という。「真」は、まじりもののない意。真っ白・真っ直ぐ・真っ正直など。「真」は、正しいという意味でも用いられ、真人間・真顔などがある。

(3) 構成よみ

はじめ	なか		おわり
[2]～[1]	[12] ～ [3]		[13]
	なか1	なか2	
	[8]～[3]	[12]～[9]	
話題提示（めだかのしょうかい）	めだかの身の守り方	自然のきびしさにたえられるめだかの体	まとめ

構成表

4段落に問いがある。これに対する答えは8段落までである。9段落で、敵からの身の守り方だけでなく、めだかの体は自然の厳しさに耐えられるようになっていることをいい、それを10~12段落でくわしく述べる。以上から、4段落の問いは、文章全体を支配する問いではない。4段落と9段落は、それぞれ小さな問題提示となり、〈なか〉は二つに分かれる。

4段落の「そのようなてき」とは、3段落の「たがめ」「げんごろう」「やご」「みずかまきり」などや大きな魚「ざりがに」である。したがって、3段落は4段落の問題提示に直接関わると考える方がよい。2段落は、めだかの説明だけで、敵のことには触れていない。よって、2段落までが話題提示であり、〈はじめ〉と考える。〈なか1〉は、敵から身を守っていることを述べる3~8段落、〈なか2〉は、自然の厳しさに耐えられることを述べている9~12段落、〈おわり〉はまとめを述べている13段落となる。

(4) 論理よみ

【はじめ】(1~2段落)

1段落で歌を紹介し、2段落で、めだかを紹介している。明確な問題提示はなく、話題提示といえる。

【なか1】(3~8段落) 柱は、5・6・7・8

3段落は、①文でまとめ、②・③文はその例になっている。3段落をうけて、4段落で問い(一つ目の小さな問題提示)を出し、5~8段落でめだかの敵からの身の守り方を四点答えている。5~8段落は、すべて二文で構成され、いずれも①文が柱の文、②文は理由を述べる。〈なか1〉は、並列型の述べ方といえる。

〈なか1〉の要約

めだかは、第一に、小川や池の水面近くでくらして、身を守る。第二に、すばやく泳いで、身を守る。第三に、小川や池のそこにもぐり、水をにごらせて、身を守る。第四に、集まって泳ぐことによって、身を守る。（97字）

【なか2】（9～12段落）柱は、9

9段落①文の「こうして」は、5～8段落の内容を指し示す。この文からも、この文章がめだかについて二つのことを述べていることがわかる。9段落②文が柱の文。めだかの体は、自然の厳しさにも耐えられると先に結論を述べ、10～12段落でその具体的内容を三点説明している。②文は、二つ目の問題提示であり、10～12段落の内容のまとめでもある。〈なか2〉は、先に結論を述べ、その後くわしく説明する述べ方になっている。10段落は②文、11段落は①文、12段落は⑤文でまとめることができる。12段落⑥文は、付け足しである。

〈なか2〉の要約（9段落②文を用いれば、さらに短く要約することができる）
めだかは、体が小さいので、わずかにのこされた水たまりでも生きられる。また、水温が四十度近くまで上がってもたえられる。まみずに海水のまざる川口の近くでも生きられる。（81字）

【おわり】（13段落）

13段落②文で、〈なか1〉と〈なか2〉の内容をまとめている。この文からも、この文章が、めだかについて、二つの内容を述べていることが読みとれる。①文は、1段落の歌をうけており、最初と最後が照応する書かれ方になっている。

(5) 吟味よみ

・〈なか1〉が第一、第二……と書かれており、読み手にとってわかりやすい。第一～第三までは、個々のめだかの身の守り方、第四は集団としての身の守り方である。また、第一・第二は、誰もが見たことがある様子で、第三は、あまり見ることのない様子であり、わかりやすいものを先に述べている。

・〈なか2〉が雨の降らない場合と雨のたくさん降った場合とを対照的に説明している。なぜ、雨の降らない場合を先に述べたのか。それは、めだかのいる場所（小川や池）が変わらないからである。11段落は、小川や池から遠く離れた川口近くであり、場所が変わっている。

・〈なか1〉は、めだかの普段の生活。〈なか2〉は、めだかの環境が大きく変わった場合のこと。ここでも、わかりやすいように、日常（みんなが知っていること）から述べている。

(6) 言葉による見方・考え方を鍛える発問アイデア

場面 第2時全8時　**発問のねらい** 問いの文を手がかりに文章構成を考える。

教師1　『めだか』には、問いはありますか。（**子ども**「ある（4段落）。」）

教師2　4段落の問いに答えているのはどこ？（**子ども**「5～8段落。」）

教師3　この説明文は、めだかの敵からの身の守り方を述べた文章といっていい？（**子ども**「ダメ！」）

教師4　ダメなの？　では、その証拠を文章の中から、二つ見つけてください。（**子ども**「略」）

教師5　この説明文は、身の守り方とめだかの体が自然の厳しさに耐えられることと、二つのことを述べているんだね。

6 『川をさかのぼる知恵』

（教育出版　3年）

(1) 教材の説明と文種

高低差のある水路を、船が安全に移動するための工夫について書かれている。〈なか〉は時間の順序で書かれている。十八段落からなる説明文。

(2) 語句

さかのぼる　水の流れにさからって上流に進むこと。

堀　地面を掘って、水が通るようにしたところ。

(3) 構成よみ

7段落①文に問題提示が書かれている。この問題提示を文章全体の問題提示ととらえて、7段落までを〈はじめ〉とする。1〜6段落は、見沼通船堀の説明と見沼代用水を移動する船の大変さが書かれている。15段落①文に、7段落の問題提示に対するまとめが書かれている。したがって、15〜18段落が〈おわり〉である。16〜18段落のパナマ運河の

おわり	なか	はじめ
18〜15	14〜8	7〜1
まとめと、パナマ運河の説明のつけ足し	見沼通船堀で、船をいどうさせるくふう	問い（問題提示）

構成表

説明は、見沼通船堀の運河の原理を利用した例で付け足しである。

〈なか〉は、見沼通船堀で船が安全に水路を移動するための工夫が書かれている。9段落から13段落にかけて、文頭に「まず」「次に」「さらに」「そして」と時間の順序を表す接続語を使い、わかりやすく説明している。

この教材の構成は読みとりにくい。たとえば、8〜18段落までを〈なか〉とし、〈おわり〉がなしという考え方もある。見沼通船堀とパナマ運河をまとめて、水路を移動する工夫の事例ととらえ、〈なか〉とする考え方である。しかし、7段落の問題提示は見沼通船堀についてのものであり、パナマ運河も含んだ問題提示と考えるのには無理がある。パナマ運河の事例は付加と考える方がよい。

(4) 論理よみ

【はじめ】(1〜7段落)

7段落に、文章全体に関わる問題提示がある。まず1段落で船の役割を説明し、2〜3段落は見沼通船堀について書かれている。4〜6段落は見沼通船堀を移動する船の大変さが書かれ、7段落の問題提示につながっている。

【なか】(8〜14段落) 柱は、8

7段落の問題提示をうけて、8段落②文に答えが書かれている。9段落以降は、船が移動する様子が時間の順序で書かれている。9段落で船は「一の関」を通り(図2 ①②)、10段落で「一の関」の中にかべを作って水をため(図2 ③)、11段落で船は「二の関」を通り(図2 ④)、12段落で「二の関」の中にかべを作って水をため（図2　⑤）、13段落で見沼代用水と同じ水位になると、船は見沼代用水に入る（図2　⑥）。14段落は、9～13段落の内容を所要時間の観点から説明している。

〈なか〉の要約
見沼通船堀では、水路を二つにくぎり、水位を調節し船をいどうさせた。（33字）

【おわり】（15～18段落）

船が水路を移動する工夫について書かれた〈なか〉を、15段落でまとめている。16～18段落のパナマ運河の説明は、見沼通船堀の原理を利用した外国の事例であり、大規模な運河でも同じ原理が用いられていることを示している。

(5) 吟味よみ

〈なか〉のように、文章と図、写真を合わせて読みとると、内容がよくわかる。また〈なか〉は、段落の文頭に「まず」「次に」「さらに」「そして」など時間の順序を表す接続語が使われ、整理された書かれ方になっている。

「船が川をさかのぼる」と書かれていると、船が自力で上流に進んでいるように考えるが、ここではただ単にいくつかの関を作って船が運ばれているにすぎず、正確には船は川をさかのぼっていない。その意味では、題名と内容が合っていない。パナマ運河を例として紹介しているが、これは見沼通船堀の運河と同じ原理を用いたものである。スエズ運河は、水平式運河で高低差がなく、見沼通船堀の運河の原理とは異なっている。見沼通船堀は全国的に知られているわけではなく、馴染みがない子どもがいるかもしれない。

(6) 言葉による見方・考え方を鍛える発問アイデア

場面 第2時全8時 **発問のねらい** 問題提示と答えを読みとって、構成を考える。

教師1 この文章に問いはありますか。
(子ども 「あります。7段落にあります。」)
教師2 問いの答えはどこに書かれていますか。
(子ども 「15段落です。『このように』という言葉を使って、①文でまとめていると思います。」)
教師3 16～18段落は、どうとらえたらいいですか。
(子ども 「15段落のまとめの後だから、付け足しだと思います。」)
(子ども 「7段落の問いは見沼通船堀についてのもので、パナマ運河の問いではないと思います。」)
教師4 皆さんいいですか。では〈はじめ〉は1～7段落、〈なか〉は8～14段落、〈おわり〉は15～18段落にします。

7 『世界にほこる和紙』増田 勝彦

（光村図書　4年）

(1) 教材の説明と文種

和紙は、洋紙にはないよさがあり、自分の気持ちを表す方法の一つなのだという筆者独自の考えが述べられている。十段落からなる展開型（結論提示タイプ）の論説文。

(2) 語句

和紙　植物を原料に手すきの製法によって作る紙。和食と洋食など「和」と「洋」は対義的に使われる。

洋紙　主に樹皮の繊維を小片に加工したもの（パルプ）から作る、厚さや密度が一定の紙。

風合い　織物のしなやかさや柔らかさを表す。「〜合い」は、他に「色合い」「肌合い」などがある。

便せん　手紙を書くための紙。今の子どもたちには馴染みがないかもしれない。実物を見せるとよい。

<table>
<tr><th>おわり</th><th colspan="2">なか</th><th>はじめ</th></tr>
<tr><td rowspan="2">10</td><td colspan="2">9 〜 3</td><td rowspan="2">2〜1</td></tr>
<tr><td>なか2
9〜7</td><td>なか1
6〜3</td></tr>
<tr><td>まとめ（結論のくり返し）</td><td>和紙は気持ちを表す</td><td>和紙のよさ</td><td>問題提示（結論）</td></tr>
</table>

構成表

(3) 構成よみ

1段落で和紙について紹介し、2段落③文で、和紙は、洋紙にはないよさと自分の気持ちを表す方法の一つだと述べる。3段落以降も、よさや気持ちを表すことが繰り返し述べられる。2段落③文を筆者の考え（結論）ととらえ、ここまでを〈はじめ〉とする。

10段落①文「このように」で〈なか〉の内容をうけている。和紙にはよさがあり、選ぶ人の気持ちを表すという筆者の考えを繰り返しているので、10段落を〈おわり〉とする。

3段落③文で和紙のとくちょうは何によって生まれるのかと小さな問いを出している。4～5段落で説明し、6段落で和紙のよさを示す例をあげている。和紙のとくちょうを説明した6段落までを〈なか1〉とする。

7段落①文は、「もう一つ」と別の理由を述べようとする。疑問の形ではないが、二つ目の小さな問いの要素を持った一文である。和紙を作っている所が多く残っていることを述べることが、⑥文の、わたしたちが和紙に風合いの美しさを感じ、気持ちを表す方法の一つとしてきたという筆者の考えの論証となっている。8段落からはその例として過去と現在の事例を、9段落では現在の筆者の事例を述べている。よってここまでが〈なか2〉である。

(4) 論理よみ

【はじめ】（1～2段落）

1段落で、和紙はユネスコの無形文化遺産になったと紹介する。2段落で、その和紙をほこりに思い多くの人にそのよさを知って使って欲しいと述べる。③文でその理由を述べる。この③文の内容が、この後、くわしく述べられていくので、③文を筆者の考えと読み、論説文ととる。

【なか1】（3～6段落） 柱は、3

3段落で和紙には破れにくく長持ちするという二つのとくちょうがあると述べ、4～5段落でそれぞれの理由を説明する。6段落で、正倉院の文書と世界の博物館や美術館の修復の例をあげる。これらの例を示すことで、無形文化遺産になったこともよくわかり、和紙が世界中で使われていることで、題名の意味も納得がいく。

〈なか1〉の要約
和紙には、洋紙とくらべて、やぶれにくく、長もちするという二つのとくちょうがある。（40字）

【なか2】（7～9段落）柱は、7

7段落⑥文で、筆者の考え（結論）を繰り返している。8～9段落でその事例を示している。8～9段落は7段落を支える論拠となっている。

〈なか2〉の要約
日本では、和紙の風合いを美しいと感じ、自分の気持ちを表す方法の一つとして和紙を使ってきた。（45字）

【おわり】（10段落）

①文「このように」で〈なか〉全体の内容をうけて筆者の考えをもう一度繰り返し、②文で再び無形文化遺産に触れ、③文以降で、和紙を選んで使うことを呼びかける。

〈おわり〉の要約
和紙が長い間作られ、使われてきたのは、そのよさと使う紙を選ぶわたしたちの気持ちによるものである。（48字）

(5) 吟味よみ

6段落の例は、和紙の破れにくく長持ちするということが世界的なものであることを知らせる大切な役割を果たしている。正倉院の文書や、世界の博物館・美術館という例を示すことで、破れにくくと長持ちするというとくちょうに改めて驚かされる。この6段落の例があることで、1段落のユネスコの無形文化遺産となったという事実や題名が、納得のいくこととして解き明かされていくようになっている。

(6) 言葉による見方・考え方を鍛える発問アイデア

場面 **第4時全8時** **発問のねらい** **〈なか1〉を読む。**

教師1 （〈なか1〉通読後）〈なか1〉は何を説明してる？（**子ども**「和紙のよさ。」）
教師2 それは、何と何？（**子ども**「破れにくく長持ちすること。」）
（4～5段落から、和紙のよさのわけを読みとる。）
教師3 よさの例としてあげてるのは？（**子ども**「正倉院、博物館・美術館。」）
教師4 正倉院は何のよさの説明？（**子ども**「和紙が長持ちする証拠。」）
教師5 博物館・美術館は？（**子ども**「長持ちし破れにくい証拠。」）
教師6 だから和紙はどう評価された？（**子ども**「ユネスコの無形文化遺産。」）
教師7 そうです。具体例が、筆者の考え、題名を支える適切な例となっていますね。

8 『ウナギのなぞを追って』 塚本　勝巳

（光村図書　4年）

(1) 教材の説明と文種

ウナギの産卵場所を探す調査について書かれている。〈なか〉は時間の順序で書かれているが、途中に仮説やなぜそう考えたのかという文章がはさみこまれている。十三段落からなる説明文。

(2) 語句

産む　母体が胎児や卵を体外に排出すること。「生む」は、それまで無かったものを新たに作り出すこと。（例…卵を産む。利益を生む。）

新月　太陽と月と地球が一直線上に並び、月が太陽光線を背後から受けることになり、地球からは見えない状態になること。新月の時には大潮になる。大潮とウナギの産卵の関係は不明である。（↔満月）

(3) 構成よみ

[2]段落②文に、問いらしき文が書かれている。しかしこの問いの答えは同じ段落内に書かれており、文章全体の問いになっていない。[3]段落③文に具体的な目的が書かれており、これが話題提示である。[3]段落と[4]段落の行空きも〈はじめ〉と〈なか〉を分ける根拠の一つになる。

はじめ	なか		おわり
[3]〜[1]	[12] 〜 [4]		[13]
	なか1 [7]〜[4]	なか2 [12]〜[8]	
話題提示	生後二十日のレプトセファルスを発見するまで	ウナギがたまごを産む場所にたどり着くまで	まとめとこれからの課題

構成表

13段落には目的が達成されたという話題提示の答えが書かれているので、この段落が〈おわり〉になる。最後の一文が1段落と照応しており、現在も調査、研究が続けられていることがわかる。12段落と13段落の行空きも〈なか〉と〈おわり〉を分ける根拠の一つになる。

4〜7段落は、レプトセファルスを発見した時・場所・長さなどの調査の結果が、時間の順序で書かれている。そしてより小さいレプトセファルスを追い求め、おおよその見当がついたことまでが説明的に書かれているので、ここが〈なか1〉になる。

8〜9段落で今までの調査を一度整理し、三つの仮説（海山の近く・新月のころ・フロントと海山の交わるところ）を立て、10〜12段落で解明していくという書かれ方になっているので、8〜12段落が〈なか2〉になる。

(4) 論理よみ

【はじめ】（1〜3段落）

3段落③文に、ウナギの卵を産む場所を見つけるための調査という話題提示が書かれている。1〜2段落は、ウナギの卵の産卵場所がわからず、マリアナの海にまで調査にきていることが書かれており、3段落の話題提示につながっている。

【なか1】（4〜7段落）柱は、5・6・7

4段落は調査方法やレプトセファルスの説明が図を示して書かれている。5〜7段落も図を示し、とれたレプトセファルスの時・場所・長さが時間の順序で書かれている。

〈なか1〉の要約
一九六七年、台湾近くの海で体長54㎜のレプトセファルスがとれた。その後海流の上流に行くほど、レプトセファルスの大きさは40、30、20㎜と小さくなっていった。一九九一年、マリアナ諸島の西で10㎜のレプトセファルスを発見した。（107字）

【なか2】（8～12段落）柱は、10・12

8～9段落で今までの調査を整理し、二つの仮説を立てて調査した結果、10段落で二〇〇五年に体長五ミリメートルのレプトセファルスが発見された。さらに11段落で新しい仮説を立てて調査した結果、12段落で二〇〇九年についに卵が発見されたことが時間の順序で書かれている。特に12段落では〈はじめ〉の話題提示をうけて、目的を達成することができたことが写真とともにくわしく書かれている。柱の段落は、仮説を立ててそれが解明された10段落と12段落である。

〈なか2〉の要約
仮説をもとに調査を続け、二〇〇五年六月七日の新月の日に、生後二日目の五㎜のレプトセファルスを見つけ、二〇〇九年五月二十二日の新月の二日前の明け方に、ウナギの卵を二つとることができた。（91字）

【おわり】（13段落）

13段落①文が話題提示と照応している。②文で新たな課題が示されており、1段落と照応している。

(5) 吟味よみ

時間の経過とともに、とれたレプトセファルスの体長を、数値を用いて具体的に記述しており、読者にとってわかりやすい。仮説を立てて考えていく筋道が、読者にとって興味が湧く書かれ方になっている。卵を発見する直前のくわしい描写など、読者を惹きつける臨場感や緊張感がある。

(6) 言葉による見方・考え方を鍛える発問アイデア

場面 **第3時全9時**　**発問のねらい** **〈なか〉をさらに二つに分けることで、書かれ方の違いを理解する。**

教師1 ④段落から⑫段落を二つに分けます。どう分ければいいですか。（**子ども**「……。」）

教師2 時間を表す言葉に○を付けて考えてください。何か気づいたことはありますか。

（**子ども**「④～⑦段落は、レプトセファルスが見つかった順に、場所や体長が記録的に書かれています。」）

教師3 〈なか〉で、書かれ方が違う段落はありますか。

（**子ども**「⑧段落と⑨段落。二つの段落は、今までのことを一度振り返って、新しく予想を立てています。」）

（**子ども**「⑧段落と⑨段落は、記録的な書かれ方になっていません。」）

教師4 そうですね。記録的ではなく、仮説を立ててそれを証明していくという書かれ方になっていますね。どういう書かれ方がされているのかを考えることも、構成を考える上で大切なことです。

【参考文献】（子どもにぜひ紹介したい本）
・塚本勝巳『ウナギ　大回遊の謎』PHP サイエンス・ワールド新書　二〇一二年
・塚本勝巳『うなぎ　一億年の謎を追う』Gakken　二〇一四年

9 『ヤドカリとイソギンチャク』 武田 正倫

（東京書籍 4年）

(1) 教材の説明と文種

なぜヤドカリはイソギンチャクを付けているのか、どうやってイソギンチャクを移すのか、イソギンチャクがヤドカリに付いている理由は何かと両者の関係を述べる。十二段落からなる展開型（小問タイプ）の説明文。

(2) 語句

さんごしょう　熱帯・亜熱帯地方の海中にあり、サンゴなどでできた石灰質の岩場。
手あら　あつかい方が乱暴な様子。
利益　得になること。（⟷不利益）

はじめ	なか			おわり
1	2 ～ 11			12
	なか1 6～2	なか2 9～7	なか3 11～10	
話題提示	なぜヤドカリはイソギンチャクをつけているのか	どうやってヤドカリはイソギンチャクをうつすのか	イソギンチャクは何か利益があるのか	まとめ

構成表

(3) 構成よみ

2・7・10段落に問いがあり、それぞれその後で答えている。1段落で、ソメンヤドカリが貝がらにイソギンチャクを付けて歩き回る様子を述べており、題名と合わせて、話題提示と考えられ、〈はじめ〉とする。12

段落で、これまで述べてきたことをうけてヤドカリとイソギンチャクの関係を「たがいに助け合って生きている」と、まとめており、〈おわり〉になる。〈なか〉は、三つの問いをもとに分ける。

(4) 論理よみ

【はじめ】(1段落)

①文で、イソギンチャクを付けたヤドカリの姿を提示し、②・③文でくわしく述べる。④文で、その姿が重そうに見えると述べ、2段落の小さな問題提示を引き出している。

【なか1】(2~6段落) 柱は、6

2段落で問い、3段落で実験の紹介、4・5段落で実験の様子を説明し、6段落で実験からわかったことを述べる。以上から、問いの答えが6段落④文にあることがわかる。柱は6段落④文。

〈なか1〉の要約
ヤドカリは、イソギンチャクを貝がらに付けることで敵から身を守っている。(35字)

【なか2】(7~9段落) 柱は、9

7段落で問い、8段落で観察の紹介、9段落で観察の様子を説明する。柱は9段落。7段落には問いが二つある。7段落①文に、9段落③・④文が答え、7段落②文に、9段落⑥文が答えている。

〈なか2〉の要約
ヤドカリは、イソギンチャクの体をつついたり、はさみで引っぱったりしてはがし、自分の貝がらの上に

おし付ける。イソギンチャクのはりは、とび出さない。(72字)

【なか3】(⑩〜⑪段落) 柱は、⑪

⑩段落で問い、⑪段落で答えている。柱は⑪段落③・④文。

〈なか3〉の要約
イソギンチャクは、ヤドカリに付くことでいろいろな場所に移動することができ、えさをとる機会がふえ、ヤドカリの食べのこしをもらうこともできる。(69字)

【おわり】(⑫段落)

①文は、①段落①文と照応している。②文で、〈なか1〉〜〈なか3〉を通して述べてきたヤドカリとイソギンチャクの関係を「助け合って生きている」とまとめている。共生という言葉を教えてもよい。

(5) 吟味よみ

・〈なか1〉〈なか2〉〈なか3〉の順序を考える

〈なか1〉で、ヤドカリが自分の身を守るためにイソギンチャクを付けていることが実験からわかり、興味を惹く。〈なか2〉は、タコがイソギンチャクのはりを恐れる様子を知った上で読むので、ヤドカリは大丈夫なのかと興味を持って読むことができる。〈なか3〉は、視点を変えてイソギンチャクの側から述べ、両者ともに利益を得ていることがわかる。前のことを前提として、後が述べられているわけではないので、順序を入れ替えることができないわけではないが、入れ替えると読者の興味を惹くものとならなくなる。また、題名が

「ヤドカリとイソギンチャク」であり、主としてヤドカリの側から述べていることもおさえたい。

・なぜ〈はじめ〉に大きな問題提示を示さないのか？

12段落のまとめを1段落に持ってきて、大きな問題提示として示したらどうだろうか。

（①〜③文までは、同じ）実は、ヤドカリとイソギンチャクは、たがいに助け合って生きているのです。どのように助け合っているのでしょうか。

大きな問題提示が示されることで、文章の方向性ははっきりするが、両者の関係を知っていく楽しさ・面白さが減少する。最後にわかる方が、読者の興味を後まで引っ張り、述べ方として面白くなる。

右記の文を提示して、どちらがよいかを子どもに考えさせるとよい。

(6) 言葉による見方・考え方を鍛える発問アイデア

場面 **第2時全8時** **発問のねらい** **〈なか1〉の柱の段落・文をつかみ、要約する。**

教師1 〈なか1〉の問いは？（**子ども**「2段落。」）

教師2 その答えを述べている段落は？（**子ども**「6段落。」）

教師3 どうして？（**子ども**「3〜5段落は実験の説明。6段落で、わかったことを述べてる。」）

教師4 6段落のどの文が柱の文？（**子ども**「①文。④文。（意見が分かれる。）」）

教師5 もう一度問いの文を確認しよう。（みんなで、問いの文を音読する。）

教師6 なぜ、ヤドカリはイソギンチャクを付けている？（**子ども**「④文が柱！」）

教師7 どうして敵から身を守れるの？（**子ども**「イソギンチャクがはりを出して敵を防いでくれるから。」）

10 『数え方を生みだそう』 飯田　朝了

（東京書籍　4年）

(1) 教材の説明と文種

日本語は、新しい数え方を生み出すことができる柔軟性があり、それに目を向けることが大切だと述べる。十二段落からなる展開型（帰結タイプ）の論説文。

(2) 語句

数え方　対象の数を数える時、数を表す語の後ろに付けてそれが何の数であるかを表す呼称のこと。うさぎは一羽二羽、雪は一片（ひとひら）など、日本語の単位呼称は多い。

無生物　生命体ではないもの。「無〜」という熟語は、他に無反応、無関係、無意識などがある。

(3) 構成よみ

この文章は、〈はじめ〉が明快ではない。5段落までを〈はじめ〉、または1段落から〈なか〉などの読みもあり得るかもしれない。しかし、2段落は日本語の数え方の特ちょうを述べており、これを話題提示ととらえ

はじめ	なか			おわり
2～1	10　～　3			12～11
	なか1 5～3	なか2 7～6	なか3 10～8	
話題提示	ニンジンの数え方	日本語の数え方	数え方を新しく生みだす	筆者の考え（結論）

構成表

るので、ここまでを〈はじめ〉とする。

11段落①文は「このように」と、ここまでの内容をうけ、②文で〈なか〉を前提とした筆者独自の考えを述べているので、ここからを〈おわり〉とする。

3〜5段落は、ニンジンの数え方について述べており〈なか1〉とする。6〜7段落は、日本語の数え方の役割を再び述べ、その数え方がものの見方をせばめてしまうと述べており、ここまでが〈なか2〉となる。8段落で日本語は新しい数え方を生み出すことができると述べ、9〜10段落でその例を示している。よって10段落までを〈なか3〉とする。

(4) 論理よみ

【はじめ】(1〜2段落)

1段落②文でニンジンの数え方の問いを出し、③文で「本」と答えを出す。2段落②文で、日本語のものの数え方は、それがどんな物で、話し手はそれをどうとらえているかということを相手に伝えることができるという話題提示になっている。〈なか〉では、日本語の数え方について述べている。

【なか1】(3〜5段落) 柱は、3

3段落④文で、日本語を使って生活している人たちは、ニンジンの細長さ以外の特ちょうなどに注目していないと述べる。裏返すと、細長さ以外の特ちょうや、好ききらいに注目した数え方があるのではないかということを暗示的に述べている。4〜5段落で、アメリカの子どもたちが別の特ちょうに注目して数え方を考えた例を示している。4〜5段落は3段落の例であり、3段落③文が柱の文となる。

〈なか1〉の要約
日本語を使って生活している人は、ニンジンの細長さ以外の特ちょうや好ききらいには注目せず「一本」と数える。（52字）

【なか2】（6〜7段落）柱は、7

6段落④文で改めて日本語の数え方の役割を述べる。7段落②文で、日本語の数え方は、ものの見方をせばめると指摘する。7段落を前提にして8段落が書かれる。

〈なか2〉の要約
日本語の数え方は、ものの見方をせばめてしまうこともある。（28字）

【なか3】（8〜10段落）柱は、8

8段落②文で、新しい数え方が生まれたら、日本語はもっと便利で表情豊かになるかもしれないといい、③文で新しい数え方を生み出すことができると述べる。9〜10段落はその例である。新しい数え方を生み出すことで、日本語が便利で表情豊かになると述べているのである。

〈なか3〉の要約
数え方を新しく生みだすことで、日本語はもっと便利で表情ゆたかになる。（34字）

【おわり】（11〜12段落）柱は、11

11段落①文「このように」で、9〜10段落の内容をうけている。②文で、〈なか〉全体の内容を前提として、日本語の数え方を正しく受け継ぐ大切さと、新しいものを生み出せる言葉の柔軟さに目を向けることが大切だという筆者独自の考えを述べる。12段落は新しい数え方を考えようと読者に呼びかけている。

〈おわり〉の要約
新しい数え方を生みだせる日本語のじゅうなんさに目を向けることが大切である。(37字)

(5) 吟味よみ

9〜10段落の具体例が面白い。新しい言葉が、時代や社会の在り方と関わって生み出される過程が紹介されていて楽しく読んでいくことができる。4段落のアメリカの子どもたちのニンジンの数え方の例も興味深い。数え方という平易なテーマで、日本語の一面が述べられている。ただ、言葉は社会的必然があって変わるものである。個人の思いで変えられるものなのだろうか?

(6) 言葉による見方・考え方を鍛える発問アイデア

場面 **第7時全8時** **発問のねらい** **〈おわり〉を要約する。**

教師1 11段落の「このように」ってどこを指すの?(**子ども**「〈なか3〉。」)
教師2 それをうけて数え方を生み出す発想が大切だといってる。
教師3 じゃあ何で大切なの?(**子ども**「ものの見方をせばめてしまうから。」)
教師4 どうしてせばめるの?(**子ども**「細長い以外の特ちょうに注目していないから。」)
教師5 結局「このように」は、〈なか〉の内容全体をうけているね。それをうけて②文が続く。
教師6 じゃあ、筆者の考えは11段落①文②文どちらがいい?(**子ども**「②文。」)

11 『花を見つける手がかり』 吉原 順平

（教育出版 4年）

(1) 教材の説明と文種

もんしろちょうが何を手がかりにして花を見つけるのかを、実験と観察を通して述べている。十六段落からなる展開型（帰結タイプ）の説明文。「そんなことを…」以下を15段落とする。

(2) 語句

実験　ある理論や仮説が正しいかどうかを、人工的に一定の条件を設定して実際にためしてみること。

(3) 構成よみ

〈はじめ〉は1～2段落で、2段落にもんしろちょうは何を手がかりにして花を見つけるのかという問題提示がある。3段落からは具体的な実験の話になっており、〈なか〉である。

〈おわり〉は14～16段落である。まとめは14段落で、実験の結果を明らかにしている。16段落は筆者の意見として、実験と観察が真実を解き明かしていくと述べている。

〈なか〉は3～13段落。実験の説明と三つの実験で、四つに分けることができる。

はじめ	なか				おわり
2～1	13 ～ 3				16～14
	なか1 4～3	なか2 8～5	なか3 10～9	なか4 13～11	
問題提示	実験の説明	実験1 花を使った実験	実験2 造花を使った実験	実験3 色紙を使った実験	まとめ・筆者の意見

構成表

(4) **論理よみ**

【はじめ】(1～2段落)

1段落で、誰もが知っているものとしてもんしろちょうが紹介される。2段落①～④文が問題提示である。

【なか1】(3～4段落) 柱は、3

柱は3段落。実験の規模を説明するとともに、具体的な研究者名、大学名をあげ実験の信頼性を印象づける。

〈なか1〉の要約
ぎもんをとくために大がかりな実験をした。(20字)

【なか2】(5～8段落) 柱は、7・8

5・6段落で実験の概要と経過を説明している。7段落①・②・③文で実験の結果が述べられる。7段落④文は、その結果から考えたことが述べられる。その意味では、④文は仮説といえる。8段落で、この仮説を確かめるためには、別の実験が必要であることが述べられる。

〈なか2〉の要約
もんしろちょうのよく集まる花と、そうでない花があり、赤い花にはあまり来ていない。色で花を見分けているのかを確かめるためには別の実験が必要だ。(70字)

【なか3】(9～10段落) 柱は、10

柱は⑩段落④文。⑨段落で実験の概要が説明され、⑩段落でその観察の結果と考察が述べられる。ここで、においの可能性が消され、〈はじめ〉の問題提示に対する答えの範囲が絞られる。

〈なか3〉の要約
もんしろちょうは、においではなく、花の色か形にひかれている。（30字）

【なか4】（⑪～⑬段落）柱は、⑬

柱は⑬段落②文。⑪～⑫段落で実験の概要と経過を述べ、⑬段落で観察できた事実を説明している。

〈なか4〉の要約
ちょうが多く集まったのがむらさき、次に黄色、青に来たものは少なく、赤にはほとんど来なかった。（46字）

【おわり】（⑭～⑯段落）

⑭段落①文で、〈はじめ〉の問題提示に対する最終的な答えをまとめ、②文で色の見分けについて付け加えている。⑮段落は⑭段落の答えを補足し、⑯段落は筋道を立てた実験・観察の重要性を述べる。〈はじめ〉の問題提示の答えとなる⑭段落と実験・観察の重要性を述べる⑯段落で要約する。

〈おわり〉の要約
もんしろちょうは色を手がかりにして花を見つけ、赤は見えないらしい。考え方のすじみちを立てて、実験と観察を重ねていけば、こん虫の生活の仕組みをさぐっていける。（78字）

(5) 吟味よみ

〈はじめ〉で、もんしろちょうが何を手がかりにして花を見つけるのかという問題提示を明確に示しており、その後の説明に読者が見通しを立てやすくなっている。

三つの実験も順序立てて述べられ、「まず」「今度は」「次の実験では」と、その区切り目も明確に示されている。一つ目の実験で、もんしろちょうが花を何らかの基準で見分けていることが確かめられる。二つ目の実験でその基準からにおいが消され、色か形に絞られる。三つ目の実験で形が消され、色で花を見分けていることが明らかになる。この過程は実験の内容も目的もわかりやすく、非常に論理的である。このような考え方を消去法ということを教えてもよい。

ただ、〈はじめ〉の段階から問題提示に対する答えを色・形・においに限定している点、その後の実験で扱われる色が一貫して「赤・黄・むらさき・青」の四色だけである点がやや説明不足である。他の可能性はないのだろうかという、選択可能性を考えることができると見方を広げることができる。

(6) 言葉による見方・考え方を鍛える発問アイデア

場面 **第7時全8時** **発問のねらい** **〈おわり〉の要約する。**

教師1 〈おわり〉の中で〈なか〉の実験全体のまとめはどの段落にある?（**子ども**「14段落。」）

教師2 15段落の役割は?（**子ども**「14段落のまとめに対する疑問に答えて、補足している。」）

教師3 16段落は?（**子ども**「実験や観察の大事を述べている。」）

教師4 どの段落で要約したらいい?（**子ども**「14段落と16段落。」）

教師5 どうして?（**子ども**「15段落は、ちょうが赤い花に来ていたわけを説明しているだけで、問題提示の答えではないから。」）

第3節 小学校高学年

1 『言葉の意味が分かること』 今井 むつみ

（光村図書 5年）

(1) 教材の説明と文種

言葉を学ぶ時には、言葉の意味を「点」ではなく、「面」として理解することが大切であり、それはものの見方を見直すことにもなると述べている。十二段落からなる展開型（帰結タイプ）の論説文。

(2) 語句

特徴　他のものと比べて取り立てて目立つところ。「特長」は良い意味にしか使われない。

母語　物事を考える際に、人が主に用いる言語。母国語とは区別される。

序論	本論				結び
1	10 〜 2				12〜11
	本論1 4〜2	本論2 7〜5	本論3 9〜8	本論4 10	
話題提示	コップの意味を教える	「ふむ」と「かむ」の言いまちがい	スープは「飲む」か「食べる」か	言葉の意味のはんいは言語ごとにちがう	筆者の考え（結論）

構成表

(3) 構成よみ

1段落で言葉の意味には広がりがあるという話題が提示される。2段落以降で、言葉の意味の広がりについて説明していく展開となっているので、1段落を〈序論〉、2段落以降を〈本論〉と考える。2段落①文が疑問の形になっているが、4段落までで答え終わっているので、2段落までを〈序論〉とはしない。

11段落からは、2~10段落を前提に筆者独自の考えが述べられていくので、ここからが〈結び〉となる。

2~3段落は、コップの意味をくわしく4段落まで説明しているので、ここまでが〈本論1〉である。5~7段落で、日本語の意味の範囲について「言いまちがい」を例に説明している。このまとまりを〈本論2〉とする。8~9段落では、同じ言葉でも英語と日本語では、言葉の意味の範囲が違うことを取り上げている。このまとまりを〈本論3〉とする。10段落は、言語の範囲を世界中に広げて、言葉の示す範囲は言語によって異なると述べる。これを〈本論4〉とする。

〈本論1〉~〈本論4〉までの記述は説明である。それが前提となって11段落から、言葉の意味には広がりがあり、適切に使うためには「点」ではなく「面」で理解することが大切になり、それは私たちのものの見方を見直すことにもなるという筆者独自の考え方が述べられているので、論説文ととらえる。

(4) 論理よみ

【序論】(1段落)

①~④文で、辞書で言葉の意味を調べたら本当にその言葉の意味がわかったといえるのかという疑問を出し、⑤文で言葉の意味はおく深いと述べる。その理由として⑥文で言葉の意味には広がりがあるのだと述べる。こ

の後、筆者は言葉の意味の広がりについて述べていく。したがって、⑥文を話題提示ととらえる。

【本論1】（2～4段落）柱は、4

2段落で言葉の意味に広がりがあるとはどういうことかという小さな問いを出し、3段落で小さな子どもにコップの意味を教えることの難しさを例に答えている。4段落②文でコップの意味には広がりがあるとまとめている。

〈本論1〉の要約
「コップ」の意味には広がりがある。（17字）

【本論2】（5～7段落）柱は、7

5～6段落で、言葉の意味の範囲について、小さな子どもの言い間違いの例を示し、どうして間違えたのかという問いの形にして7段落につないでいる。7段落で、それは言葉の意味の範囲を広げて使いすぎたのだと説明する。言葉の意味の範囲について話題を示し、疑問を出し、それに答えるという展開で、ここでも言葉の意味の広がりについて述べている。

〈本論2〉の要約
子どもは言葉の意味のはんいを広げて使いすぎることで言いまちがいをおこす。（36字）

【本論3】（8～9段落）柱は、9

8段落①文で別の例を出すことを読者に伝えている。〈本論2〉と同じように具体例を出した後、どうしてこのような表現をしたのかと小さな問いの形にして、次の段落につなげるという述べ方である。
9段落①文の「それは」で8段落のスープの例をうけて、言い間違いの理由を述べている。意味の範囲が違うとはっきりと言及している③文が柱の文。意味の範囲を間違えるのは日本語だけでなく日本語と英語でも言葉の意味の範囲は違うことを説明している。

〈本論3〉の要約
日本語の「食べる」と英語の「ｅａｔ」は似た意味の言葉だが、意味のはんいはちがっている。（43字）

【本論4】（10段落）

①文で〈本論3〉のようなことは世界中のどの言語についても同様の違いがあると述べる。②文以降で韓国語と中国語の「持つ」「かかえる」「せおう」という言葉の意味の範囲について説明し、最後の⑦文で、「このように」と⑥文までをうけ、言葉をどの範囲まで広げて使うかは言語によって異なるとまとめている。〈本論1〉からここまで、日本語、日本語と英語、日本語と外国語と扱う言語の範囲を大きくしながら、言葉の意味の広がりについて述べていることを確認しておきたい。

〈本論4〉の要約
一つの言葉をどのはんいまで広げて使うかは、言語によってことなる。（32字）

【結び】（11〜12段落）柱は、11・12

11段落①文で、言葉とその意味は一対一に対応するのではないことを述べる。③文で〈本論〉を前提に、言葉の意味には広がりがあり、その範囲を理解することが必要だと述べる。ここで、今までの〈本論〉の事例が、実は、言葉の意味に広がりがあるということの事例であったことが再確認できる。そして、④文で、筆者の考えとして、言葉の意味を「面」としてとらえることの大切さを述べる。この段落で、「点」「面」という言い方が初めて用いられている。一対一の対応を「点」、広がりを「面」という比喩表現を使っているのだが、適切な表現といえる。論説文では、それまで使っていない言葉が出てくる場合には、注目をさせたい。⑫段落では「さらに」と、「面」というとらえ方が、ものの見方を見直すことにもなると付け加えている。筆者の考えは、〈本論〉を前提にして⑪〜⑫段落で述べられているので〈結び〉の要約が全文の要旨となる。

〈結び〉の要約（全文の要旨）
言葉を学んでいくときに、言葉の意味には広がりがあり、「点」ではなく「面」としてとらえることが重要であり、それはものの見方を見直すことにもつながる。（73字）

⑸ 吟味よみ

初めにコップというわかりやすい例を出して、言葉の意味には広がりがあることを、読者に抵抗感なく受け入れられるような書き方をしている。

〈本論3〉まで、「どうして〜か。」という小さな問いを繰り返し、具体的に説明しているのでわかりやすい書き方となっている。この具体例の豊富さによって、⑪段落以降の筆者の考えがわかりやすくなっている。言葉を「点」ではなく「面」でとらえるべきだという比喩もイメージが持ちやすく筆者の考えに共感しやすい。

ただ、言葉の意味には広がりがあるということはわかるが、それが「ものの見方を見直す」というのはどういうことかというわかりやすい具体例があればよいだろう。

⑹ 言葉による見方・考え方を鍛える発問アイデア

場面 **第7時全8時** **発問のねらい** **〈結び〉を要約する。**

（「言葉の意味には広がりがある」という話題提示を確認する。）

教師1 これってどういうことだった？〈本論1〉は？（**子ども**「コップの意味には広がりがある。」）

教師2 〈本論2〉は？（**子ども**「言葉の意味を広げて使うと言い間違いを起こす。」）

教師3 〈本論3〉は？（**子ども**「似た言葉でも、意味の範囲は違う。」）

教師4 〈本論4〉は？（**子ども**「言葉の意味の範囲は言語によって異なる。」）

教師5 〈本論〉をうけて筆者の考えが述べられているのは？（**子ども**「⑪段落④文。」）

教師6 それだけ？（**子ども**「⑫段落の①文も。」）

教師7 では、要約で使うのは？（**子ども**「⑪段落④文と⑫段落①文。」）

【参考文献】

・今井むつみ『ことばの発達の謎を解く』ちくまプリマー新書　二〇一三年

＊子どもが言葉を獲得し、意味の広がりをどう理解していくのかをわかりやすく説き明かしている。

2 『固有種が教えてくれること』　今泉　忠明

（光村図書　5年）

(1) 教材の説明と文種

動物の固有種（特定の国や地域にしかいない動物）を、日本列島の成り立ちに関係づけて説明し、固有種が多くすむ日本の環境保護について述べている。十一段落からなる展開型（結論提示タイプ）の論説文。

(2) 語句

特徴　特に目立つところ。欠点も含まれる。「特長」は際立って優れたところ。欠点は含まれない。

ほ乳類　皮膚に毛があり、子を乳で育てる脊椎動物。脊椎動物には哺乳類・鳥類・爬虫類・両生類・魚類の五種類がある。脊椎動物の基本的な分類を知っておくとよい。

(3) 構成よみ

[2]段落に「固有種たちがすむ日本の環境をできるだけ残した

序論	本論		結び
[2]～[1]	[10] ～ [3]		[11]
	本論1 [7]～[3]	本論2 [10]～[8]	
問題提示（結論）	日本に固有種が多く生息するわけ	固有種を保護することのよしあし	結論のくり返し

構成表

い」という筆者の考え（結論）を述べており〈本論〉でなぜそう考えるのかを述べている。したがって1～2段落が〈序論〉である。

11段落で、再度筆者の考え（結論）がまとめられており、ここが〈結び〉である。この文章は、〈序論〉で筆者の考え（結論）が先に示され、〈本論〉以降で具体的に論証し、〈結び〉でもう一度結論を述べるという結論提示タイプの論説文である。

〈本論〉は大きく二つに分かれる。3～7段落は、日本に固有種が多く生息する理由を、日本列島の成り立ちに関係があることと、気候的な違いや地形の変化のおかげで豊かで多様な環境が形づくられたからであると述べており〈本論1〉になる。8～10段落は、〈本論1〉をうけて、固有種の絶滅の恐れの問題と生息環境の保護の大切さについて論じており〈本論2〉になる。

(4) 論理よみ

【序論】（1～2段落）

1段落は固有種の定義を述べる。2段落④文で、固有種と他の種と比べることは生物の進化の研究に役立つことを述べ、2段落⑥文で筆者の考え（結論）を示している。

【本論1】（3～7段落）柱は、7

3段落は、日本とイギリスの固有種数の比較をおこない、日本に固有種が多いことを述べている。3段落を前提に4段落は、日本に固有種が多いのは日本列島の成り立ちに関係があることを述べ、5～6段落で動物を例にして、固有種が生まれたわけを時間の順序で述べている。5段落はアマミノクロウサギ（図2）とニホンザル（図３）、[6]段落はヒグマ（図４）である。[4]～[6]段落をうけて、[7]段落の「このようなことから」で、日本に様々な固有種が生まれた理由を、[4]～[6]段落の日本列島の成り立ちと関係づけて説明し、気候的な違いや地形の変化のおかげで豊かで多様な環境が形づくられたからだとまとめている。

〈本論１〉の要約
日本に固有種が多いのは、日本列島の成り立ちに関係があり、他のちいきと分断されて固有種は生まれた。気候的なちがいや地形的に変化に富んでいたおかげで、ゆたかで多様な環境が形づくられ、固有種は生きぬくことができた。固有種が生き続けていくためには、ゆたかな環境を保全する必要がある。（137字）

【本論２】（[8]～[10]段落）柱は、[9]・[10]

[8]段落で固有種が減って絶滅してしまうという現状を述べている。④文でニホンオオカミ、⑤文でニホンカワウソの絶滅、⑥文でニホンリスの絶滅の恐れを述べている。[8]段落をうけて、[9]・[10]段落は固有種の保護の是非について述べている。[9]段落はニホンカモンカを例に、固有種を保護したことでよい結果が生まれたこと、[10]段落はニホンカモシカを保護したことの問題点を述べている。[10]段落④文で固有種の保護は、生息環境の保護とのバランスが重要であるとまとめている。しかし、どうしたらいいのか具体的には述べていない。

〈本論２〉の要約
絶滅のおそれがあったニホンカモシカを天然記念物に指定して保護することで数は増加したが、天然林の減少で幼木の芽を食べるようになり、害獣としてくじょされるようにもなった。固有種の保護は、その生息環境の保護とのバランスが重要である。（113字）

【結び】（11段落）

①〜⑤文は今まで述べたことのまとめである。①文で日本に固有種が多いことを述べ、③文で生物の進化や日本列島の成り立ちの生き証人として貴重な存在であると述べている。⑥文で固有種がすむ日本の環境を残していかなければならないと〈序論〉の筆者の考え（結論）を繰り返し述べている。これが題名の「固有種が教えてくれること」の内容でもある。この文章は、最初に筆者の考え（結論）を述べ、〈結び〉で再度筆者の考え（結論）を述べている。したがって〈結び〉の要約がそのまま〈全文の要旨〉となる。

〈結び〉の要約（全文の要旨）
日本に多く存在する固有種は、生物の進化や日本列島の成り立ちの生き証人としてきちょうな存在であり、固有種がすむ日本の環境を、できる限り残していかなければならない。（79字）

(5) 吟味よみ

固有種という言葉が新鮮で、新しい知識に対する興味が湧いてくる。固有種の多さをイギリスと対比させて述べ、固有種が多いわけを資料2の図1〜4を使ってわかりやすく述べている。また固有種を調べることで、生物の進化がわかるというのは驚きである。他にどんな固有種が生息しているのだろうという興味や親しみが湧いてくる。

筆者の考え（結論）と、題名の「固有種が教えてくれること」とのつながりがわかりにくく、結論と題名のズレがあるのではないだろうか。

10段落に「固有種の保護は、生活環境の保護とのバランスが重要」とあるが、どうすればいいのだろうか。もう少し具体的に述べてほしい。また筆者は、固有種は貴重な存在だから自然環境を残していかなければならないと述べているが、固有種でなければ自然環境を保護しなくてもいいのかとも読みとることができる。

資料6では、天然林の面積は一九八六年以降ほとんど減少が見られない。資料7では、一九九七年をピークにニホンカモシカの捕獲数は減少してきている。また二つの資料の年数がずれており比べにくい。天然林が減少し、その結果ニホンカモシカがどんどん捕獲されるという資料であればよくわかるが、そのことがわかる資料になっていない。

(6) 言葉による見方・考え方を鍛える発問アイデア

場面 **第10時全10時** **発問のねらい** **題名と要旨を読み比べる。(吟味よみ)**

(ここまでに、題名と要旨を確認しておく。)

教師1 題名の「固有種が教えてくれること」というのは、何を教えてくれたのですか。

(子ども 「固有種と他の種と比べると、生物の進化がわかるということを教えてくれていると思います。」)

(子ども 「固有種は貴重な存在なので、自然環境を守らなければいけないということだと思います。」)

教師2 題名と要旨は同じだということでいいですか。

(子ども 「何か少しずれていると思います。」)

教師3 どのように、ずれているのですか。

(子ども 「……。」)

教師4 要旨は何ですか。

(子ども 「固有種がすむ日本の環境を保護しなければならない、です。」)

教師5 題名と要旨はどう違いますか。

（子ども「題名が教えてくれることは、固有種と他の種を比べると生物の進化がわかることだけど、要旨は日本の環境を保護しなければならないということなので、内容が違うと思います。」）

（子ども「題名よりも、固有種がすむ日本の環境を守らなければいけないという筆者の考えの方が、強くなっていると思います。」）

（子ども「『固有種が住む環境を守る』という題名でもいいと思います。」）

教師６　そうですね。筆者は、固有種は貴重な存在であるというよりも、固有種がすむ日本の環境を保護しなければならないという主張が強い文章になっていますね。

【参考文献】

・今泉忠明『ざんねんないきもの辞典』高橋書店　二〇一六年

・今泉忠明『わけあって絶滅しました。』ダイヤモンド社　二〇一八年

3 『動物たちが教えてくれる海の中のくらし』

佐藤　克文

（東京書籍　5年）

(1) 教材の説明と文種

データロガーを用いて、動物たちの海の中のくらしを調べ、体の大きさに関わりなくある一定の速さで泳いでいることに着目し、その理由を追求している。十段落からなる展開型（帰結タイプ）の論説文。

(2) 語句

直接　じかに、相手（対象）にふれること。（↔間接）

観察　そのものがどうなるか、ありのままを注意してみること。（類語：実験）

消費　お金やものなどを、使ってなくすこと。（↔生産）

最小限　ある範囲の中で、もっとも小さい、ぎりぎりのところ。（↔最大限）

結び	本論			序論
10～9	8　～　3			2～1
	本論3　8～7	本論2　6～5	本論1　4～3	
結論と筆者の感想	泳ぐことによるエネルギーの消費を最小限におさえる速度	マッコウクジラもペンギンやアザラシと同じような速さ	体が大きいからといって、速く泳ぐわけではない	話題提示

構成表

(3) 構成よみ

1段落で海の動物たちの海の中でのくらしがわかっていないと述べ、2段落でデータロガーを付けて海の中のくらしを調べることを述べている。これらは、問題提示といえるほど明確ではないので、話題提示と考える。題名も、ある程度本文の内容を表すものとなっている。3段落からは、キングペンギン、ウェッデルアザラシといった具体的な動物名が登場し、体重や泳ぐ速さの具体的数値も示される。2段落までには、このような具体名や数値がなく、この点からも2段落までが〈序論〉、3段落以降を〈本論〉と考える。

8段落に「この結果から考えられるのは」とあり、結論が述べられる。ここからを〈結び〉と考えることもできなくはない。しかし、9段落で8段落の結論を再度まとめ直していることや、9段落の「バイオロギングで調べてみると」という書き出しが、2段落の内容（バイオロギングの説明）と照応していることから、9段落からを〈結び〉と考える。また、9段落以降、動物名や数値がなく、抽象的な書かれ方になっている。

〈本論〉は、調査の広がりに応じて二つに分ける。3～4段落までは五種の動物、5～6段落でマッコウクジラが加わり、7～8段落で14種の動物になり結論を出している。

(4) 論理よみ

【序論】（1～2段落）

1段落で、動物の海の中でのくらしはわかっていないことが述べられる。それをうけて、2段落でデータロガーを付けて、海の中のくらしを調べたことを述べる。2段落④文が話題提示である。

〈序論〉の要約

海の動物たちが海の中でどのようにくらしているのかは少しも分かっていない。動物にデータロガーという小型の記録計を取り付けて、海中の行動を調べてみた。（73字）

【本論1】（3～4段落）柱は、4

3段落で、泳ぐ速さと体の大きさの関係という、筆者の問題意識が示され、キングペンギンとウェッデルアザラシが例にあげられる。また、図で五種類の動物の大きさが図示され、速さが示される。図では、遅い順に並べることで、体の大きさと速さが対応していないことがよくわかる。これらのデータに基づいて、4段落で、体が大きいからといって速く泳ぐわけではなさそう、という筆者の仮説が示される。

〈本論1〉の要約
動物たちは、体が大きいからといって速く泳ぐわけではなさそうだ。（31字）

【本論2】（5～6段落）柱は、6

4段落の仮説をもとに、5段落ではマッコウクジラを取り上げ、調査の結果、6段落でマッコウクジラもペンギンやアザラシと同じくらいの速さで泳いでいることがわかる。仮説の裏付けが一歩前進する。

〈本論2〉の要約
マッコウクジラもペンギンやアザラシと同じくらいの速さで泳いでいることが分かった。（40字）

【本論3】（7～8段落）柱は、8

7段落で、さらに多くのデータを収集したことが示され、表にまとめられている。全部で14種類の動物のデータが体の小さいものから順に並べられ、体の大きさと泳ぐ速さに相関はなく、時速四～八キロの狭い範囲におさまっていることがわかる。これをうけ、8段落でそのわけを考えている。⑥・⑦文で、動物たちは、泳ぐことによるエネルギーの消費を最小限におさえるため、速からず遅からず、いちばんよい速度で泳いでいるという、筆者のデータ解釈が述べられる。これがこの文章の結論となる。

4段落の体が大きいからといって速く泳ぐわけではなさそうという仮説は、得られたデータをもとに筆者が考えたものである。その仮説に基づいて調査を続け、仮説が多くの動物で裏付けられていることを確認する（7段落まで）。その上で、それらのデータをもとに、その理由を8段落で考察している。したがって、8段落で述べられる結論は、体の大きさと泳ぐ速さに相関はなく、時速四～八キロの範囲で泳いでいるという事実についての筆者独自の考えである。ゆえに、本文章を論説文と考える。

〈本論3〉の要約
動物たちは、泳ぐことによるエネルギーの消費を最小限におさえるため、速からずおそからず、いちばんよい速度で泳いでいる。（58字）

【結び】（9～10段落）

9段落で、8段落で述べた結論を再度まとめ直して述べている。10段落で、今後の調査への期待という筆者の感想が述べられる。10段落は、新しい情報を付け加えているのではなく、これからへの期待を筆者の感想として述べているだけであり、要約には含めない。

〈結び〉の要約（全文の要旨）
海の中でくらす動物たちは、深いところにいるえさをとるために、深く長くもぐる能力を身につけ、つか

れることなく泳ぎ続けられるちょうどよい速さを選んでいる。(75字)

(5) 吟味よみ

・図や表において、速さの順・体の小さな順に並べられており、見やすい。36頁の図では、体の大きさわかりやすく図示されているので、体の大きさと速さに相関がないことが見てすぐわかるようになっている。37頁の表では、体の大きさの順に並べられることで、速さとの相関がないことがわかりやすく読みとれる。

・仮説を立て、調査を行って仮説が正しいことを検証し、そのデータの意味を解釈する(筆者独自の考え)という、科学的な論証・思考の流れが示されている。ものごとを考えたり、調べていく上で参考になる思考の道筋である。

・3段落で「泳ぐ速さと体の大きさの関係」というが、ここで主として取り上げられているのは、餌を取るための潜水行動であり、水平の移動ではない。しかし、3・4段落では泳ぐ速さと体の大きさの関係と述べるだけで、36頁の表も横向きである。ここまでは、「深さ」は登場していない。5段落以降では深さが問題にされ、泳ぐ速さは水平の移動ではなく、垂直に潜っていく時の速さであるとわかる。何の速さなのかを巡って述べ方がややわかりにくい。

・37頁の表には、14種類の動物が示されている。ウトウは海鳥の一種。ペンギンも海鳥の一種ではあるが飛べない鳥である。スナメリは小型のイルカであり、アザラシ・シャチ・クジラとともに哺乳類である。このように多様な動物を比べている。多種にわたるだけに、筆者の恣意的な選択の可能性はないのだろうか。この文章だけで明らかにできることではないが、このように考えられることで、見方や思考の幅を広げられる。

・8段落と9段落の結論にズレはないか。「深く長くもぐる能力」というのは、最初から述べられているわけではない。

・9段落で「動物たちが海で進化してきた」と述べられるが、ここまでに一度として「進化」という言葉もそれに類することも述べられておらず、唐突である。進化をいうならば、どのように変わってきたかが具体的に示されなければ説得力がない。

これらの指摘をふまえて、筆者の考えに納得できるかどうか、二〇〇字で意見文を書く。

(6) 言葉による見方・考え方を鍛える発問アイデア

場面 **第7時全8時** **発問のねらい** **要旨を読みとる。**

教師1 〈本論1〉～〈本論3〉の論の展開をふり返ってみよう。4段落の仮説はどこで確かめられた？

（子ども 「7段落。14種類の動物が表にまとめられている。」）

教師2 そこから、筆者が考えたことが述べられているのが？ **（子ども** 「8段落。」）

教師3 〈結び〉9段落で述べているのは？ **（子ども** 「8段落のまとめ。」）

教師4 10段落は、何を述べている？ **（子ども** 「筆者の感想。」）

教師5 全体の要旨をまとめるには、どの段落を使えばいい？ **（子ども** 「10段落。」）

教師6 10段落のどの文でまとめる？ **（子ども** 「③文。」）

【参考文献】

・佐藤克文「動物たちが教えてくれる海の中のくらしかた」月刊『たくさんのふしぎ』通巻389号 福音館書店 二〇一七年

4 『和の文化を受けつぐ―和菓子をさぐる』

中山　圭子
（東京書籍　5年）

(1) 教材の説明と文種

和菓子が、長い歴史の中で外国の食べ物の影響を受け、年中行事や茶道などの文化と関わりながら発展し、今に受けつがれてきたことを説明している。十七段落からなる展開型（小問タイプ）の説明文。

序論	本論			結び
1	15 ～ 2			17～16
	本論1 6～2	本論2 11～7	本論3 15～12	
話題提示	和菓子の歴史	和菓子とほかの文化との関わり	和菓子は、どのような人に支えられ受けつがれてきたか	まとめと問題提起

構成表

(2) 語句

和　日本のこと。「和」は、中国を表す「漢」や、ヨーロッパを表す「洋」と対にして用いる。（例…和語と漢語、和歌と漢詩、和室と洋室、和食と洋食、和服と洋服など。）

伝統　慣習や態度、技術や文化の様式など、古くから受けつがれてきたもの。（例…伝統工芸、伝統芸能）

風情　落ち着いてよい雰囲気。様子そのものを楽しむ日本独特の言葉といえる。

(3) 構成よみ

2段落と7段落と12段落に小さな問題提示がある。2段落の答えは、3～6段落。7段落の答えは、8～

11段落。12段落の答えは、13〜15段落。1段落は、和菓子について説明し、④文で、それが長い歴史の中で、様々な文化と関わり、多くの人の手で受けつがれてきたことを述べている。はっきりとした問題提示ではない〈話題提示ととらえる〉が、この内容が〈本論〉と対応している。よって、1段落が〈序論〉となる。

16段落の「このように和菓子の世界は」という表現から、和菓子が確立してきた過程や、いく世代もの人々に受けつがれてきたことについてまとめており、〈結び〉は、16〜17段落。17段落は、他の文化に言及した新しい問題提起で、〈本論〉とは直接関係がない。〈本論〉は、小さな問題提示で、三つに分けられる。

(4) 論理よみ

【序論】(1段落)

①文で日本の伝統的な文化について述べ、②・③文で和菓子について説明する。④文で、歴史との関わり、文化との関わり、いく世代もの人々に受けつがれてきたことの三点について話題を提示している。

【本論1】(2〜6段落) 柱は、4・5・6

2段落が、小さな問題提示になる。3段落では、①・②・③文が日本古来の食べ物について説明し、④文で外国の食べ物の影響を受けて変化してきたことを述べている。このように、3段落は、4〜6段落への入り口になっている。

4〜6段落は、時間の流れにそってくわしく説明している。ここでは、時代と、伝わって来た食べ物、その食べ物が日本のお菓子に与えた影響について読みとる。

〈本論1〉では、時代ごとにどのような変化があったかを理解し、まとめることが重要である。すると、江戸時代は、外国の影響を受けていないことがわかる。鎖国により外国との交流に制限があったからだろう。和菓子が独自の姿に発展する時代になる。明治時代に入って来る洋菓子は、和菓子そのものを変化させたのではなく、洋菓子と区別される和菓子というジャンルを生んだ。観点にそってまとめていき、次のようにまとめる。

段落	時代	影響を与えた外国	和菓子への影響
4	飛鳥～平安	中国	米や麦の粉のきじをさまざまな形に作り、油であげる菓子が伝わる。
4	鎌倉～室町	中国	点心の中に、まんじゅうやようかんなどの原形となるものがあった。
4	戦国～安土桃山	ポルトガルやスペイン	南蛮菓子の製法が日本の菓子に応用される。
5	江戸		国内でさとうが作られるようになり、さとうの特性を生かした多くの菓子が作られるようになる。
6	明治以降	西洋	洋菓子と区別するために和菓子と呼ばれるようになる。

【本論2】（7～11段落）柱は、8・10

7段落で二つ目の小さな問題提示をし、8段落と10段落で答える。9段落と11段落は、それぞれの例である。8段落は、①文が柱、②文は①文をよりくわしく説明している。9段落は、ももの節句とたんごの節句の例をあげる。和菓子と年中行事との結び付きには、花見だんごやお月見だんご、お彼岸に食べるぼたもちなどもある。京都では、六月に水無月というお菓子を食べる風習がある。これらを子どもたちが調べ、新しい段落を付け足すという、書くことの学びを設定することもできる。

10段落は、茶道との結び付きを提示する①文が柱。②・③文がその理由。11段落は具体例を述べている。

〈本論2〉の要約
和菓子は、年中行事や茶道と結び付きながらその形を確立してきた。（31字）

【本論3】（12～15段落）柱は、13・14・15

12段落①文の「このように」で2～11段落をうけ、まとめている。②文が三つ目の小さな問題提示。その答えは、13・14・15段落で述べている。12段落を〈本論3〉にするのは、問題提示の方を重くみるからである。13段落は、①文で和菓子を作る職人をあげ、②・③文で職人が技術を受けつぎ、感性を養ってきたことを説明する。14段落は、③文が柱で道具や材料を作る人をあげる。①・②文は、道具や材料の説明である。15段落は、③文で、和菓子を楽しむ人たちも、和菓子を支えてきた人としてあげる。①・②文は、その理由である。

〈本論3〉の要約
和菓子は、和菓子を作る職人、和菓子作りに関わる道具や材料を作る人たち、和菓子を味わい楽しむ多くの人たちに支えられることで、現在に受けつがれている。（73字）

【結び】（16～17段落）

16段落は、②文が〈本論〉のまとめになっている。17段落は付け足しの段落である。

16段落は、①文が、「このように」で15段落までをうけた筆者の感想である。②文をくわしく見ると、「長い時を経て」は、〈本論1〉の和菓子の歴史のことであり、「それぞれの時代の文化に育まれ」は、〈本論2〉の年中行事や茶道との関わりのことを述べている。「いく世代もの人々の夢や創意が受けつがれ」は、〈本論3〉

の和菓子や道具を作る人や和菓子を楽しむ人によって受けつがれてきたことに対応している。②文は、〈本論1・2・3〉をまとめた上で、筆者の感想を述べている。17段落では、①文で和菓子から他の和の文化に広げ、②文で新たな問題提起をして結んでいる。この説明文は、〈結び〉でまとめてはいるが、筆者の言う和菓子の再発見や魅力は、〈本論1・2・3〉の内容にあり、全文要旨は、〈本論1・2・3〉をもとにする。

全文の要旨
和菓子は、長い歴史の中で、さまざまな外国の食べ物の影響を受け、日本の年中行事や茶道などの文化と関わりながら、その形を確立してきた。さらに、和菓子職人や道具や材料を作る人、和菓子を楽しむ人などに支えられ受けつがれている。（109字）

(5) 吟味よみ

・〈序論〉で、「歴史」「文化との関わり」「受けつがれてきた」と述べ、〈本論〉もその順序で書かれていて読みやすい。〈本論〉は、三つに分けられ、それぞれ最初の段落で問題提示をしており、読みの理解を助けている。〈本論3〉は、技術や道具を具体的な例をあげて説明している。また、作る人→道具を作る人→楽しむ人と、和菓子に近い人から順に説明することで、和菓子がとてもたくさんの人によって支えられていることを印象付けている。

・12段落は、まとめと小さな問題提示が同じ段落になっている。「このように」でうけるのは、〈本論1・2〉である。ここにまとめを入れた理由は、〈本論〉が長くなること、〈本論1・2〉は和菓子のことだが、〈本論3〉は和菓子に関わる人について書かれていることが考えられる。一度、これまでの叙述を整理し、次の話題に移ろうと考えたのだろう。まとめを入れた書き方がよいか、小さな問題提示だけの方がよいか、一〇

○字程度で意見文を書く課題を設定してもよい。

(6) 言葉による見方・考え方を鍛える発問アイデア

場面 第6時全9時

発問のねらい 〈本論2〉の季節や年中行事との結び付きを手がかりに新たな段落を書く。

教師1 季節や年中行事との結び付きで、知っていることは。

（子ども 「お月見だんご。お彼岸のぼたもち。」）

教師2 京都では、6月に水無月という和菓子を食べる風習があるそうですよ。

（子ども 「春には桜もち。夏はようかん。」）

教師3 調べて、新しい段落を書き足してみましょう。

（子ども 「季節の変わり目や年中行事に食べる和菓子を調べればいいね。」）

教師4 9段落には、何と何が書かれていますか。

（子ども 「年中行事と和菓子。和菓子にこめられている人々の思いや願いもあるよ。」）

教師5 9段落と同じように、二文か三文で書いてみましょう。

（季節や年中行事との結び付けで付け足す段落を書いた例）

京都では、一年の折り返しになる六月に水無月を食べる習慣があります。一年の残り半分が、健康で災いが起こらないようにという願いがこめられていると言われています。水無月の上半分の小豆は、悪魔払いの意味を、三角は暑気を払う氷の意味を、それぞれ表しているそうです。

5 『言葉と事実』 福沢 周亮

（教育出版　5年）

(1) 教材の説明と文種

言葉と事実の結び付き方について、同じ事実でも立場や見方の違いによって言葉もその受け取り方も様々であることを、具体例を通して説明した上で筆者の考え（結論）を述べる。十三段落からなる展開型（帰結タイプ）の論説文。

(2) 語句

見出し　新聞・雑誌などの記事内容が一見してわかるように、一番大きな文字で目立つように印刷された、記事の表題にあたる部分。

(3) 構成よみ

1～2段落で、事実と結び付けて言葉を使うことの大切さを述べている。3段落でそうした結び付きが果たして確実なものかどうかと疑問を投げかけ、同じ事実でも伝える人によって言葉が違

結び	本論		序論
13～12	11　～　4		3～1
	本論2 11～9	本論1 8～4	
筆者の考え（結論）	デパートの札の例	リレーの対抗戦の見出しの例	問題提示

構成表

ってくると問題提示している。

12段落で〈本論〉をまとめ、それをうけて13段落で筆者の考え（結論）が述べられるので、〈結び〉となる。

〈本論〉は4～11段落。リレー対抗戦の結果という事実に新聞の見出しという言葉を結び付ける例と、商品のハンカチという事実に札に書いた言葉を結び付ける例をあげており、二つに分かれる。

(4) 論理よみ

【序論】（1～3段落）

1～2段落は多くの読者がよく知るイソップ童話「うそつき少年」を取り上げ、事実と言葉を結び付けて使うことの大切さを述べる。

3段落①・②文で、その結び付きの確実さについて疑問を投げかける。そして③文で、同じ事実に結び付いていても伝える人によって言葉が違ってくると述べている。〈本論〉では、その例が二つ述べられる。3段落③文が問題提示といえる。

【本論1】（4～8段落）柱は、7・8

4～6段落で、リレーの対抗戦についての学級新聞の見出しの例がくわしく説明される。4段落でリレーの経過と結果が事実として述べられる。5～6段落で、結果を勝ったクラスと負けたクラスの人が見出しとしてどう表現したかが述べられる。（6段落の後に列挙されている三つの見出しは7段落に含める。）

7段落で三つの見出しを列挙し、それを表現する側の視点でまとめる。一方、8段落では受け取る側の視点でまとめている。7段落では、事実という言葉にカギ括弧を付けていないが、8段落では「事実」とカギ括弧を付けている。客観的な事実と、受け手による主観的な「事実」という意味の違いを表している。7段落の見出しの後の文と、8段落①文とが柱の文となる。8段落②〜④文は、①文のくわしい説明となっている。

〈本論1〉の要約
事実は同じでも、表現する人の立場や感じ方によって言葉がちがい、言葉がちがうと受け取る側の印象もちがう。（51字）

【本論2】（9〜11段落）柱は、11

9〜10段落で、デパートのハンカチ売り場の事例が説明される。11段落で、それをまとめている。①〜④文で例からわかることを説明し、⑤文でまとめる。⑤文は、〈本論1〉でも述べられていたことである（⑤文でもカギ括弧付きの「事実」が用いられている）。⑥文で「そればかりか」と、⑤文に新たな内容を付け加えている。よって、11段落⑤・⑥文が柱となる。

〈本論2〉の要約
人は、同じ事実でも言葉によってちがった「事実」の受け取り方をするだけでなく、言葉だけを信用し、事実に目を向けずに行動してしまうことがある。（69字）

【結び】（12〜13段落）

12段落は〈本論〉で述べた内容をまとめている。②・③文が〈本論1〉の内容をまとめ、④文は〈本論2〉の説明を発展させたものとなっている。12段落を前提として、13段落①文で、表現する側として気をつけるべきことを、②文で受け取る側として気をつけるべきことを、筆者の考え（結論）として述べる。

12段落の〈本論〉の内容のまとめを前提として、13段落で筆者の考えが述べられているので論説文といえる。したがって、〈結び〉の要約が文章全体の要旨となる。〈本論1〉〈本論2〉の要約を一部用いてまとめる。

〈結び〉の要約（全体の要旨）
人は、事実は同じでも表現する人の立場や感じ方によって言葉がちがい、同じ事実でも言葉によってちがった「事実」の受け取り方をし、言葉だけを信用し事実に目を向けずに行動してしまうことがある。受け取る側に特定の印象をあたえようとして言葉が用いられることもある。だから、表現する時には、事実をどのようにとらえ、どう表すかに気を配るべきだ。受け取る時には、表現する側が事実をどのような言葉で表し、どのようなものの見方をし、どのような目的で、何を伝えようとしているかを考えてみるべきだ。（236字）

(5) 吟味よみ

〈序論〉の最初の部分では、読者のほぼ全員が聞いたことがあるであろうイソップ童話が用いられている。説明のはじまりとしてわかりやすく、読者を文章に引き込むのに効果的である。

〈本論〉では、言葉と事実の結び付き方について説明する例として、二つの事例がかなりの具体性を持って説明され、小学5年生の読者にとってもわかりやすくイメージしやすいものとなっている。特に〈本論1〉の具体例は学級対抗のリレーという、小学生にとって身近な、似たようなことを経験済みの場面である。学級新聞に付ける見出しの言葉も自分のこととして実感を持って読みとり、考えることができる。

二つの事例は、同じ事実でも言葉によって違った受け取り方をする点で共通している。〈本論1〉は、表現する人の立場や感じ方によって言葉が違うことを述べるが、〈本論2〉は、事実に目を向けず言葉だけを信用してしまう問題を指摘している。さらに〈結び〉では、受け取る側の印象を操作するようなこともあると述べる。似たような事例をあげているように見えるが、〈本論２〉の方がより複雑な中身になっている。

(6) 言葉による見方・考え方を鍛える発問アイデア

場面 **第7時全7時**　**発問のねらい**　**〈本論1〉と〈本論2〉の順序を考える。**

教師1　言葉と事実の関係を〈本論１〉〈本論２〉で例をあげて述べている。二つは入れ替えてもいいかな？（**子ども**　入れ替え可と不可の意見に分かれる。）

教師2　では、〈本論１〉〈本論２〉に共通していることは？

（**子ども**「同じ事実でも言葉によって違った受け取り方をするところが同じ。」）

教師3　違っているのは？

（**子ども**「〈本論１〉は、表現する人の立場や感じ方によって言葉が違うって言っている。」）

（**子ども**「〈本論２〉は、言葉だけを信用し、事実に目を向けずに行動してしまうことがあると言っている。」）

教師4　それを⑫段落では何と言ってた？（**子ども**　⑫段落④文の内容を答える。）

教師5　〈本論１〉〈本論２〉は、どう違っている？

（**子ども**「〈本論１〉は立場や感じ方の違いだけど、〈本論２〉では、だまそうとして言葉が用いられることもある。それだけ注意が必要になる。」）

教師6　〈本論１〉より〈本論２〉の方が複雑な内容になっているね。

6 『時計の時間と心の時間』 一川 誠

（光村図書　6年）

(1) 教材の説明と文種

「心の時間」を中心に、「時計の時間」と対応させながら、時間と上手に付き合うことの重要性を述べている。八段落からなる展開型（結論提示タイプ）の論説文。

(2) 語句

性質　そのものがもっている特徴。

特性　特別な性質。特質と同じ意味。

目を向ける　実際にその方を見る・関心を寄せる。「目を通す」「目を見張る」などの慣用句がある。

(3) 構成よみ

1段落は、筆者の考え（結論）が述べられており〈序論〉、8段落は、結論が繰り返されており〈結び〉となる。子どもから、〈序論〉は1・2段落、〈結び〉は7・8段落という考えが出てく

序論	本論				結び
1	2 ～ 7				8
	本論1 2	本論2 3～5	本論3 6	本論4 7	
結論	「時計の時間」と「心の時間」の説明と小さな問題提示	「心の時間」の特性1～3	「心の時間」の特性4	本論1～3のまとめ	結論のくり返し

構成表

るかもしれない。この考えを尊重し討論することにより、文章構成が見えてくる。ポイントは二つある。一つ目は、筆者の考えがどこに述べられているかである。1段落④文に「私は、〜とても重要であると考えています。」と述べられている。一方、2段落には、筆者の考えが述べられている文がない。二つ目は、対応関係である。まとめの接続語「このように」から始まる8段落は、1段落と同様の「心の時間」に目を向けることの大切さが述べられている。さらに、8段落⑤文で、より深い主張として結ばれている。この対応関係から双括型の文章であることがわかる。

また、2段落と7段落も対応関係にある。この文章で、「時計の時間」が出てくるのは、1・2・7・8段落である。2段落には二回、7段落には四回出てくる。さらに、2段落⑧文と7段落①・②文で同じ内容が書かれており対応している。2段落⑧文が小さな問題提示で、7段落①・②文がまとめとなる。まとめの事例は、3〜6段落で「心の時間」の四つの特性について述べられている。筆者の考えが具体的に述べられている〈本論〉は、小さな問題提示・事例・まとめという下学年で学習した説明文の論の進め方となっている。

⑷　論理よみ

【序論】（1段落）

1段落④文に筆者の考え（結論）が述べられており、8段落①文と対応している。それ以外にも、1段落③文と8段落④文も対応している。

【本論1】（2段落）

2段落は、本論の中で小さな問題提示の役目を果たしている。読者が馴染みのある「時計の時間」について

①～③文で述べられている。それと対比的に、④文以降「心の時間」について述べられている。⑧文で「心の時間」の特性について、小さな問題提示が述べられている。

〈本論1〉の要約
「時計の時間」は同じように進むが、「心の時間」は、さまざまな事がらのえいきょうを受けて進み方が変わったり、感覚がちがったりする特性がある。（69字）

【本論2】（3～5段落）柱は、3・4・5

3～5段落は、「心の時間」の特性1～3が書かれており、それぞれ①文でまとめられている。実験や具体例、解説が②文以降に述べられている。

3段落は、③文でこの特性の解説をしている。読者の理解を深めるために、身近な具体例である④・⑤文と⑥・⑦文が対比的に述べられている。

4・5段落どちらの段落も、実験・結果・考察の流れが述べられている。3段落と違い、理解が難しいので、非連続型テキストである〔実験①・②〕のグラフと図と一緒に読みとりをおこなう。〔実験①〕のグラフは、朝と午後五時では、六秒も違うことを理解させる。〔実験②〕の図は、〔実験①〕のグラフに比べてわかりにくい。わかりやすい〔実験①〕の説明が先に述べられている。4段落は、⑧・⑨文、5段落は、⑦文が、それぞれ3段落同様、身近な具体例を使い対比的に述べられている。

〈本論2〉の要約
「心の時間」には、そのときに行っていることをどう感じているか、一日の時間帯によって、身の回りの環境によって、進み方が変わる特性がある。（67字）

【本論3】（6段落）

特性4を①文でまとめている。〈本論2〉と違い、先に②〜④文で身近な実験を行っている。そして、⑤・⑥文で研究成果を説明し、理解を促している。⑦文で、②〜⑥文をまとめている。

〈本論3〉の要約
「心の時間」には、人によって感覚が異なる特性がある。（26字）

【本論4】（7段落）

「ここまで見てきたように」からわかるように、①・②文で、3〜6段落の「心の時間」の特性をまとめている。③・④・⑤文で、「時計の時間」の重要性を述べることにより、「心の時間」とのずれを強調している。⑥文で、ずれによる日常生活の困りが述べられている。それが8段落（筆者の考え）へとつながるのである。要約は、①文と⑤文をもとにまとめる。

〈本論4〉の要約
「心の時間」は進み方がちがったり、ちがう感覚をもったりする特性があるので、「時計の時間」と「心の時間」にはずれが生まれる。（61字）

【結び】（8段落）

8段落①文では、1段落での筆者の考えを繰り返している。②・③文では、7段落でのずれの解決方法が述べられている。②文は、〈本論2〉に対するずれの解決法である。③文は、〈本論3〉に対するずれの解決法である。そして、⑤文が、筆者の考えを繰り返し述べた結論である。結論は、〈序論〉と〈結び〉で述べられており、〈結び〉を要約することにより、全文の要旨となる。

〈結び〉の要約（全文の要旨）
私たちに必要なのは、さまざまな事がらのえいきょうで「心の時間」の進み方が変わったり、感覚がちがったりする特性を頭に入れて、「時計の時間」を道具として使うという、「時間」と付き合うちえなのだ。
（95字）

(5) 吟味よみ

〈本論〉で「心の時間」の特性を四つあげている。特性1〜3は、わかりやすく、より身近な実験の順に述べられている。特性2と3は、図表を使って補っている。これらの特性から自分の生活に置き換えて考えると、より納得度が高まる。特性1は、多くの子どもが経験しているので、問題はないだろう。特性2は、実際に自分で実験してみることが可能である。朝起きたばかりと夜寝る前は、動きが悪くなるというのは、子どもたちも共感できるだろう。それによって、時間の進み方が変わるのも納得できる。ただ、特性3は、同じような経験がないため、子どもたちだけでなく、大人でも、共感しにくいかもしれない。ただ、実験と結論は、納得できるところではある。実際どのくらい違いがあったのか数値で表していれば、より納得できるのではないかと考える。学習のまとめで、筆者の考えに納得できるかどうか、それを支える特性の説明に納得できるか、二〇〇字程度の意見文を書く。

(6) 言葉による見方・考え方を鍛える発問アイデア

場面 第6時全6時 **発問のねらい** 筆者の考えを読みとり、意見文を書く。

教師1 問題提示のまとめはどこに書いてある?

(**子ども** 「7段落①文と②文。」)

教師2 では、7段落の③文以降は必要ないね?

(**子ども** 「必要。筆者は『心の時間』だけでなく、『時計の時間』も大切だと考えているから。」)

(**子ども** 「『時計の時間』と『心の時間』には、ずれがあることを強調したいから。」)

教師3 そのずれを筆者はどうすればいいと考えているの?

(**子ども** 「『心の時間』に目を向けることが大切。『心の時間』を頭に入れて、『時計の時間』を道具として使うという、『時間』と付き合うたえが必要。」)

教師4 筆者の考えに納得したかな。意見文を書こう。

次の型を提示し意見文を書かせる。

筆者の考えに○%納得した。

理由は、(特性について納得できなかった部分と納得できた部分を書く)だ。

今後、(筆者の考えをうけて、どのようなことを大切にするのかを書く)していきたい。

7 『メディアと人間社会』 池上 彰

（光村図書 6年）

(1) 教材の説明と文種

人間社会の中で、メディアがどのように発達してきたか、進化したメディアが人間社会にどのような影響を与えてきたかについて述べている。六段落からなる展開型（帰結タイプ）の説明文。

(2) 語句

メディア　情報を伝える伝達手段となるもの。テレビやラジオ、新聞、雑誌、書籍、インターネットなど。

(3) 構成よみ

序論	本論				結び
1	2 ～ 5				6
	本論1 2	本論2 3	本論3 4	本論4 5	
話題提示	文字	ラジオ	テレビ	インターネット	まとめと筆者の意見

構成表

〈序論〉は1段落で、人間の欲求がメディアを発達させ、高度な情報化社会を作ってきたと述べ、話題提示となっている。2段落から、個々のメディアについての説明がはじまり、〈本論〉となる。

〈結び〉は6段落である。再度メディアが人間の欲求と関わりながら進化してきたと述べ、〈序論〉と首尾照応している。そして、今後さらにメディアが進化していく中でメディアとの付き合い方を述べている。

〈本論〉2～5段落では、文字・ラジオ・テレビ・インターネットと、メディアを古い順に、どのような欲求と関わって発達してきたのかを説明している。

(4) 論理よみ

【序論】（1段落）

1段落で、人間だけがメディアを使って高度な情報伝達をおこなうと述べる。そして、人間の欲求がメディアを発達させ、高度な情報化社会を作ってきたのだと述べる。④・⑤文が、話題提示となる。以降では、人間の欲求がどのようにメディアを発達させてきたかを読みとることが大事になる。

【本論1】（2段落）

柱は、2段落①・③文。①文で文字をあげ、③文で文字によって「時間や空間をこえて情報を伝える」ことが可能になったと述べる。④〜⑥文で手紙・木・新聞について説明する。⑦文では文字というメディアの否定的な面を述べる。

〈本論1〉の要約
情報を伝えるための手段として、古くから用いられてきたのは文字であり、文字によって時間や空間をこえて情報を伝えることができるようになった。（68字）

【本論2】（3段落）

柱は、3段落①・②文。①文で「情報を早く伝えたい」という欲求から、電波を使った通信が発明されたことを述べる。②文で、電波を使ったラジオ放送を「多くの人々に広く同時に情報を伝える」メディアとして紹介する。そして③〜⑤文でラジオについてくわしく説明する。③文ではラジオを肯定的にとらえ、④・⑤文では社会に混乱を与えた具体例を述べながら、その影響力の否定的な側面を述べる。

〈本論2〉の要約
情報を早く伝えたいという欲求から電波が発明され、ラジオ放送は多くの人々に広く同時に情報を伝えるメディアとして大きな力をもった。(63字)

【本論3】(4段落)
柱は、4段落①・④文。①文で同じく電波を使って映像を送るテレビ放送を紹介する。②・③文でテレビをくわしく説明する。④文で「情報をありありと伝えたい、理解したい」という欲求がテレビを生んだと述べる。さらに⑤・⑥文で、ラジオ以上に「放送されたものが動きようのない事実」だと受け取られ、テレビというメディアが社会により大きな影響力を持っていったことが述べられる。

〈本論3〉の要約
情報をありありと伝えたい、理解したいという欲求から、テレビ放送が始まり、社会に対するえいきょう力はさらに大きくなった。(59字)

【本論4】(5段落)
柱は、5段落①・③文。①文でインターネットをあげる。③文でインターネットが「ふつうの人々が手軽に情報を発信できる」メディアであると述べる。この点は、②文にもあるように、それまでのメディアとは一線を画すものととらえることが重要である。そして④〜⑥文で、「誤った内容」が広まったり、「うその情報」が紛れ込まされたりして社会が混乱することも起こっていると、インターネットの否定面を述べる。この否定面をどう克服していくかは今後の課題となるはずだが、そこまでは触れていない。

〈本論4〉の要約
インターネットの発明により、ふつうの人々が手軽に情報を発信できるようになった。(39字)

【結び】(6段落)

①・②文で、1段落と同じことを述べながら〈本論〉をまとめている。③文でこれからもメディアが進化することを述べ、④文でメディアとのつきあい方について筆者の意見を述べる。これは、〈本論〉の叙述を前提としてのものではないので、論説文ではなく説明文ととらえる。ただ、どのメディアを取り上げ、どのように述べるかという点に筆者の取捨選択があることは否定できない。①・②文で〈本論〉をまとめ、④文の筆者の意見を加えているので、①・②・④文で要約する。〈結び〉の要約が全体の要旨となる。

〈結び〉の要約(全体の要旨)
メディアは、思いや考えを伝え合いたい、社会がどうなっているのかを知りたい、という人間の欲求と関わりながら進化し、私たちは高度な情報化社会に生きている。重要なのは、人間がどんな欲求をもっているか、その結果メディアにどんなことを求めているのかを意識し、メディアと付き合っていくことである。(142字)

(5) 吟味よみ

メディアの発達を、文字・ラジオ・テレビ　インターネットと古い順に説明し、現在の高度な情報化社会に至るまでをわかりやすく説明している。それぞれのメディアがどのような人間の欲求によって発達してきたか、どのような特徴を持ち、どのような問題を持っているか、また、それぞれを肯定的・否定的の両面からとらえる見方をしていて、参考になる。

ただ、文字をラジオ・テレビ・インターネットというメディアと同列にするのは、ややわかりにくい。ラジオ・テレビ・インターネットと並立するのは、新聞・書籍などではないのか。

(6) 言葉による見方・考え方を鍛える発問アイデア

場面 **第5時全6時**　**発問のねらい** **〈本論4〉からインターネットとの付き合い方を考える。**

教師1　インターネットはどんなメディア？

(子ども「ふつうの人々が手軽に情報を発信できるメディア。」)

教師2　その良いところと悪いところは？

(子ども「(良いところ)これまでは報じられなかった社会や個人の情報を伝えることができる。」)

(子ども「(悪いところ)『誤った内容』が広まったり、『うその情報』が紛れ込まされたりする。」)

教師3　誤った内容が広まった、うその情報が入り込んだ例を知ってる？

(子どもから出てこない場合は、調べ学習にするか、教師が説明してもよい。)

教師4　どうして、誤った内容やうそが入ってくるの？

(子ども「誰でも、手軽に発信できるメディアだから。／個人が情報発信をしているから。」)

教師5　そうすると、何が大事になる？

(子ども「正しい情報かどうかを見分けること。情報をすぐに信用しないこと……。」)

8 『イースター島にはなぜ森林がないのか』

鷲谷　いづみ
（東京書籍　6年）

(1) 教材の説明と文種

イースター島から森林が無くなった理由を説明し、その後、島が衰退したと述べる。そのことから、人類の存続について問題提起している。二十七段落からなる展開型（付加タイプ）の論説文。

(2) 語句

絶海　陸から遠く離れた海。「絶」には、かけはなれる、遠いという意味がある。「絶境」「隔絶」など。
生産　生活に必要な物を作り出すこと。（↔消費）
供給　必要なところへ物を与えること。（↔需要）
健全　心身に悪いところがないようす。
悲惨　あまりにひどく、胸をしめつけられるように感じられること。

結び	本論				序論
27～25	24　～　4				3～1
	本論4 24～21	本論3 20～18	本論2 17～8	本論1 7～4	
新しい問題提起（筆者の考え）	〈本論1～3〉のまとめとその後の島の様子	森林が失われた原因2（ラット）	森林が失われた原因1（農地や丸木船のため・宗教的・文化的な目的）	ポリネシア人の来島	問題提示

構成表

(3) 構成よみ

3段落に問題提示があり、21段落でその答えをまとめている。それゆえ、21段落以降を〈結び〉とする考えもあり得る。しかし、25段落でより一般化した教訓を述べ、27段落で新しい問題を提起している。つまり、25段落以降はより一般化して人類の未来を考えている。それゆえ、25段落以降を〈結び〉と考える。

21段落からを〈結び〉とする考え方が、子どもたちから出ることは十分に予想される。〈結び〉をめぐる議論を通して、21段落が問題提示の答えになっていることを確認し、22～24段落には森林が無くなった後の島の状況が書かれていること、25段落以降が一般化して現在の問題を述べていることなどを明らかにしていく。三部構成の議論を通して、文章の組み立てをより明らかにすることが大事である。また、「序論―本論―結び」の三部構成で考えるからこそ、右のことが読めてくるのである。

〈序論〉で問題提示をし、〈本論〉で答え、さらにその答えをうけて新しい問題を提起する、このような展開にこの文章はなっている。これまでの説明文・論説文とは異なる展開といえる。これまで学習してきたことを用いながら、今までとは違う文章展開になっていることを読みとっていけるようにしたい。

(4) 論理よみ

【序論】(1～3段落)

1段落でイースター島を紹介。2段落でかつては島全体が森林に覆われていたと説明し、3段落でなぜ森林が失われてしまったのかと問題提示している。3段落の問題提示に向けて、絞り込んでいく文章展開になっている。

【本論1】（④〜⑦段落）柱は、⑦

〈本論1〉は、〈本論2・3〉の前提として、ポリネシア人の来島とラットの野生化について述べている。ここでは、ラットの子孫が「大きなわざわいをおよぼすことになる」と断定的に述べている。

> 〈本論1〉の要約
> ポリネシア人の来島によりもたらされたラットが、森林に大きなわざわいをおよぼすことになる。（44字）

【本論2】（⑧〜⑰段落）柱は、⑧

⑧段落で、人間が様々な目的で森林を切り開いたことをまとめて述べ、⑨段落以降でくわしく説明する。⑨・⑩段落は農地にするための森林伐採。⑪・⑫段落は丸木船を造るための森林伐採。⑬〜⑮段落が宗教的・文化的目的のための森林伐採。これら三つの伐採は並列的に、生活における必要度の高い順に述べられている。⑯・⑰段落では、森林が文化の繁栄をもたらし、木が切り尽くされたことで繁栄が長く続かなかったと述べられている。⑯・⑰段落の内容は、㉒段落以降への伏線となる内容であるが、森林は、なぜ失われてしまったのかという問題提示からするとズレた内容といえる。

> 〈本論2〉の要約（⑧段落「さまざまな目的」の内容を補って要約した）
> イースター島から森林が失われた大きな原因として、農地にするため、丸木船をつくるため、モアイ像を石切り場から運ぶため、森林がばっさいされたことがあげられる。（77字）

【本論3】（⑱〜⑳段落）柱は、⑳

森林が無くなった原因としてのラットについて述べる。⑱段落で伐採だけでは、森林は無くならなかったと述べ、19段落でラットがヤシの木の再生を妨げたとして、20段落②文で結論づける。ただし、この時点では、「〜らしいのだ」「〜ようなのである」と推量で述べている。7段落と21段落では断定的に述べており、述べ方にズレがあることに注意しておきたい。

〈本論3〉の要約
ラットがヤシの実を食べてしまったため、新しい木が芽生えて育つことができなかったようなのである。（47字）

【本論4】（21〜24段落）柱は、21・24

21段落で問題提示の答えをまとめ、22〜24段落では、森林が無くなった結果、島がどうなったかを述べている。普通なら、問題提示の答えをまとめて、文章は終わりになる。それが終わらず、森林が無くなった後のことへ話題が展開している。付加タイプとした所以である。ただし、単なる付け足しではなく、問題をさらに発展させて、その後の筆者の考えへと展開していることに注意したい。柱は、まとめている21段落とイースター島がどうなったかを述べる24段落と考える。22〜24段落だけを見れば、時間の経過に従った記述といえる。

畑がやせ細る＋魚や海鳥をとることもできない→食りょう不足→村どうしの争い→人口の減少

右のような経過をおさえた上で、イースター島がどうなったかという結果を述べる24段落がある。

森林破壊後の22〜24段落の内容は、3段落の問題提示とは対応していない。しかし、22〜24段落があることで、25段落以降の問題提起へとつながるのである。3段落の問題提示をうけて、4〜20段落でくわしく説明し、21段落でまとめる。これらの叙述は、22〜24段落を述べるためのものであったとわかる。

〈本論4〉の要約

ヤシ類の森林は、ばっさいとラットのためにほぼ完ぺきに破壊された。その結果、深刻な食りょう不足におちいり、島の人口も、最も栄えていたころの三分の一にまで減少した。（80字）

【結び】（25～27段落）柱は、27

25段落で、イースター島の森林が失われたことから引き出せる教訓を述べ、27段落で新たな問題提起をしている。26段落では「祖先を敬う」文化、27段落「子孫の幸せを願う文化」と対比的に述べることで、過去の出来事を通して、現代の問題を述べようとしており、27段落に筆者の考え（結論）があるとわかる。したがって、〈結び〉の要約が全文の要旨となる。

〈結び〉の要約（全文の要旨）
ひとたび自然の利用方法をあやまり、健全な生態系をきずつけてしまえば、同時に文化も人々の心もあれ果ててしまい、人々は悲惨できびしい運命をたどる。今後の人類の存続は、子孫の幸せを願う文化を築けるかどうかにかかっている。（107字）

(5) 吟味よみ

・問題提示だけから考えれば、16・17段落の記述はなくてもよい。しかし、この文章は森林が失われた経過を述べることに終わっておらず、その結果が島の衰退をもたらしたことを述べて、現代の課題へとつなげている。16・17段落は、この文章にとって必要かどうかを考えることで、この文章が何を述べようとしているかを考えることができる。

・ラットの記述は「～ヤシの木の再生をさまたげたらしい」「～育つことができなかったようなのである」と

推量の表現になっている。にもかかわらず、7段落・21段落では断定的に述べており、ズレがある。
・最後の結論だけを吟味するのではなく、それが導き出されるイースター島の歴史と対応させて検討することが必要である。その上で、筆者の考えに納得するかどうかで意見文を書く。

(6) 言葉による見方・考え方を鍛える発問アイデア

場面 **第2時全8時**　**発問のねらい** **構成を読む。**

教師1 この文章を「序論―本論―結び」に分けてみよう。序論は？（**子ども**「3段落まで。」）
教師2 〈結び〉はどこから？（**子ども** 21段落からと、25段落からとする意見に分かれる。）
教師3 問題提示の答えを、21段落でまとめているのなら、ここから〈おわり〉でいいのでは？（あえて挑発的に発問し、22～24段落の内容、25段落以降の内容の検討に向かわせる。）
教師4 22～24段落に書かれているのは？（**子ども**「森林が無くなった後のイースター島の様子。」）
教師5 なぜ、森林が無くなった後のことが書かれているの？
（**子ども**「森林が無くなったことで、島の繁栄が続かなくなった（島が衰退したから）。」）
教師6 森林が無くなった理由の説明で終わっていないんだね。そう考えると〈結び〉は？
（**子ども**「25段落からが、ふさわしい。」）

【参考文献】
・中学校『国語2』安田喜憲「モアイは語る――地球の未来」光村図書
＊同じ内容を扱っているが、ラットは登場しないなど観点が異なる述べ方であり、比べると面白い。

9 『町の幸福論―コミュニティデザインを考える』

山崎　亮

（東京書籍　6年）

(1) 教材の説明と文種

人と人とがつながり、町を元気にしていこうというコミュニティデザインでは、地域住民が主体的に取り組んでいくこと、未来のイメージを持つことが重要だと述べている。十五段落からなる並列型の論説文。

(2) 語句

消費者　物や時間、エネルギーなどを使う人。（↔生産者）
本文では、消費することで、豊かな暮らしになるのかと問題提起している。

主体的（主体性）　自分の意志・判断によって行動するさま。
（類語：自主的、積極的、自発的）

結び	本論		序論
⑮～⑭	⑬　～　⑥		⑤～①
	本論2 ⑬～⑩	本論1 ⑨～⑥	
まとめと読者への呼びかけ	未来のイメージを持つ	地域の住民が主体的に取り組むこと	問題提示

構成表

(3) 構成よみ

5段落に問題提示の文があるので、ここまでを〈序論〉とする。2段落④文に問いがあるが、その答えは3段落①文にある。コミュニティデザインという言葉が、3段落で初めて出てくる。その説明はすぐ後に書かれている。これは、副題とも合致する。

14段落は、「このように」でうけ、〈本論1〉と〈本論2〉をまとめる形で書かれている。15段落は、読者への呼びかけを述べているので、この二つの段落を〈結び〉とする。

〈本論〉は、6～9段落の住民が主体的に町作りに取り組むこと、10～13段落の未来のイメージを持つことの二つについて述べる。〈本論〉だけの述べ方は、結論提示タイプといえる。

〈本論1〉は、6段落で主体的な町作りについて述べている。7段落の栃木県益子町、8～9段落に兵庫県三田市を例に論証している。〈本論2〉は、10段落で二つ目の重要なことを提示する。11段落からは、具体的な方法としてバックキャスティングを説明し、12～13段落で島根県海士町の例をあげて論証している。

(4) 論理よみ

【序論】(1～5段落)

1段落で、豊かな未来の便利さをあげ、2段落で、譲歩構文「確かに～しかし～」を用いて、人と人とのつながりの少なさを指摘する。譲歩構文は、相手の意見のよさを認めた上で、自分の考えを主張する書き方である。譲歩構文を使うことで、自分の主張をより読者に受け入れられやすくする効果を生む。譲歩構文を子どもの書きの中でも使えるようにしていきたい。

3段落は、副題である「コミュニティ」と「コミュニティデザイン」の定義を示している。4段落は東日本大震災を例にあげ、コミュニティデザインという考え方の大切さを補足的に述べている。東日本大震災は、日本人にとってとても大きな出来事であり、住民たちのつながりの大切さを実感した出来事であった。4段落がなくても全体には影響しないが、筆者はあえてこの段落を入れている。筆者は「人のつながり」という言葉を、2段落で二回、3段落で二回、4段落で四回も使っている。ここからも明らかなように「人のつながり」がコミュニティデザインを考える上で欠かすことができないものだと筆者が考えていることがわかる。これらをうけて、5段落の問題提示につながる。

【本論1】（6〜9段落）柱は、6

柱は6段落①文。②文に「人のつながり」が出ていることにも注意しておきたい。その例を、7段落と8〜9段落で紹介する。6段落の筆者の考え（結論）を具体的な例で論証する述べ方になっている。

7段落は、一つ目の例として栃木県益子町をあげ、市民中心に取り組んできた祭りの成果を述べている。③文で「人のつながり」が広がっていることを述べている。

8〜9段落は、二つ目の例として兵庫県三田市の有馬富士公園をあげ、市民団体がイベントを行ったことで、来園者数が増加したことを、表やグラフを用いながら説明している。表やグラフの内容が、文章のどこで述べられているか、どのように説明されているかを、資料と文章を照らし合わせて読んでいくことが大切である。年間に実施されたプログラムの回数と活動したグループの数の表では、グループ数が22から31に10増えている。それに対して、実施回数は104回から993回に、およそ九倍にも増えている。地元のグループが活発に活動していることがうかがえる。来園者数の推移を見てみると、41万人から、80万人近くに増加している。二倍弱の増加である。グラフの05年度から09年度までを見ると、増えたり減ったりしている。特に05年度から06年度は、表のグループ数は増えているが、グラフの来園者数は減っている。このように、一つひとつの推移を比べながら見ていくと、単純な増加になっていないことが見えてくる。9段落でも、「人のつながり」を述べている。

〈本論1〉の要約
コミュニティデザインで重要なことは、地域の住民たちが主体的に町作りに取り組むことである。(44字)

【本論2】(10〜13段落) 柱は、10

10段落①文は〈本論1〉をうけ、まとめている。②・③文で、もう一つ重要なこととして、未来のイメージを持つことを述べる。

11段落では、10段落で述べた未来のイメージを持つことを、バックキャスティングと言い換える。12〜13段落は、島根県海士町の島留学の例をあげ、バックキャスティングの有効性について示している。

〈本論2〉は、「人のつながり」が出てこない。しかし、すでに海士町は、町民が主体的となった町作りの実績がある(13段落)。また、入学者数の減少に歯止めをかけるために、島外への流出を止めるのではなく、島外から受け入れるという発想の転換を図って、島留学を実現させている。これらを見ると、〈本論1〉より進んだ事例ととらえることができる。

〈本論2〉の要約
コミュニティデザインで大事なことは、未来のイメージを持つことである。(34字)

【結び】(14〜15段落)

14段落は、「このように」で、〈本論1〉と〈本論2〉をうけてまとめている。だから、結びが全文の要旨になる。15段落は、まとめを受けて、読者に未来をイメージし、主体的に町作りに取り組んでみようと呼びかけている。

全文の要旨
地域の課題を解決するためのコミュニティデザインは、住民が主体的に町作りに取り組むとともに、コミュニティの未来のイメージをえがくことから始めるとき、本当に豊かな町の幸福が生み出される。（91字）

(5) 吟味よみ

・具体例として、祭り・公園・島留学の順にあげている。住民が主体的に取り組んだ結果、町作りの活動に取り組む人のつながりが広がっていく例から、住民の主体的な町作りの実績からさらに発展した例の順序で示している。コミュニティデザインのよさが、よく理解できる書き方である。
・主体的な町作りの例としてあげている益子町では、その後の人のつながりの広がりを述べているが、それが具体的に示されていないためわかりにくい。三田市の例も、人のつながりがどの程度組織されたのかがはっきりしない。また、どちらも町の課題が書かれていないため、主体的な町作りによって、何が解決されたのかがわかりにくい。海士町でも、住民にどの程度のつながりがあるのかが示されていない。そのため、未来のイメージを持つだけで町の課題が解決するのかといった疑問が残る。コミュニティデザインにおける「人のつながり」の大事さはよくわかるが、町のどんな課題に取り組んだのか、住民にどのようなつながりが生まれ、広がったのかということが、わかりにくいのではないだろうか。

(6) 言葉による見方・考え方を鍛える発問アイデア

場面 第8時全8時 **発問のねらい** 筆者の考えに対する賛否の文章を書く。

教師1 筆者が言うコミュニティデザインとは、どのようなものだった。

（**子ども**「住民が幸福になること。本当の豊かさを求めるもの。人と人がつながる仕組みだったよ。」）

教師2 益子町や三田市は、住人がつながったのかな。

（**子ども**「益子町は、祭りの後もつながりが広がっているよ。三田市は、イベントのグループが増えて、みんなで公園を盛り上げているよ。住民が主体的になっていると思うな。」）

教師3 それで、地域の課題は解決したかな。

（**子ども**「地域の課題は何だろう。海士町の島留学は、成功しているみたいだけど。」）

教師4 町の課題と、人とつながる仕組み、その後の豊かさの三つをつなげて筆者は書いているかな。

（**子ども**「益子町の祭りは盛り上がったけど、それでどんな豊かさが生まれたのかな。多くの人が来園してくれる公園にしたいと書いてあるけど、これは町の課題なのかなあ。海士町は、住人が町の課題を話し合っているから、すでにつながっているけど、その後、もっと幸せになったのかなあ。」）

教師5 筆者の主張に、みんなは納得できたかな。自分の考えとその理由を二〇〇字程度で書いてみよう。

（**子ども**「それぞれの町に、どんな豊かさや幸せが生まれたかを考えればいいね。」）

10 『雪は新しいエネルギー』 媚山 政良

（教育出版 6年）

(1) 教材の説明と文種

雪が冷熱エネルギーであり、化石燃料に代わる再生可能エネルギーであるという考えを示し、その具体的な事例を紹介しつつ、今後の可能性や課題を述べている。二十八段落からなる展開型（結論提示タイプ）の論説文。

(2) 語句

温室効果ガス　二酸化炭素などの赤外線を吸収する力をもつ気体。大気中に存在すると地表からの熱を吸収し、その一部を地表に放射することで温室効果をもたらす。

原因　ある物事や状態が起こるもとになったもの。（↔結果）

保存　状態が変わらないように、とっておくこと。

貯蔵　たくわえておくこと。

節約　むだを省き、使う量などを減らすこと。類語に「倹約」

序論	本論				結び
8～1	27 ～ 9				28
	本論1			本論2	
	15～9	18～16	19	27～20	
地球温暖化問題の説明と問題提示	冷熱エネルギーの利用（氷室）	冷熱エネルギーの利用（冷房）	〈本論1〉のまとめ	冷熱エネルギーの可能性と課題	筆者の感想

構成表

がある。（↔浪費）

拡大　広げ大きくすること。（↔縮小）

堆積　物が積み重なること。

効率　仕事の量とそれに使ったエネルギーの割合。

(3) 構成よみ

1・2段落で地球温暖化と化石燃料の話題を示し、3段落で化石燃料に頼らない社会をどのように作るかという問題を提起する。この文章の問題提示のようにみえるが、題名や本文を見る限り、そうではない。ただ、筆者の主張の背景にこの問題意識があることはおさえておくべきである。3段落をうけて、4段落で再生可能エネルギーを紹介する。この後に行空きがあるので、4段落までを〈序論〉としたくなる。しかし、ここまでは題名にある雪のことに全く触れておらず、文章の方向性を示す話題提示すら（題名を除いて）なされていない。5段落で、はじめて雪による冷房施設が紹介される。6〜8段落で雪が「冷熱エネルギー」であると述べ、8段落③文で雪を再生可能エネルギーであると位置づける。この考え方は、まだ一般的なものとはなっておらず、筆者独自の考えであり、それゆえ論説文になる。8段落は、3・4段落の問題意識と重なり、筆者の考えを結論として問題提示しているので、ここまでが〈序論〉となる。展開型の結論提示タイプの文章である。

〈本論〉では、雪が再生可能エネルギーである具体的な例をあげて、結論を論証していく。氷室・雪による冷房という具体例を述べているところを〈本論1〉、冷熱エネルギーとしての可能性と課題を述べているところを〈本論2〉とする。28段落は、「雪のほかにも」とあるように、自分たちの「地域の自然の力を見直」すことを抽象的に述べており、〈結び〉と考える。

⑷ 論理よみ

【序論】（1～8段落）

1段落で地球温暖化問題を示し、3・4段落で化石燃料に頼らない社会を掲げ、再生可能エネルギーについて説明している。1～4段落で述べていることが、この文章における筆者の考えのバックボーンとなっている。これらをうけて7段落で雪は冷熱エネルギーであると述べ、8段落③文で、雪は再生可能エネルギーだと筆者の考えを問題提示（この文章の結論）として述べる。

〈序論〉の要約
地球温暖化の原因とされる化石燃料に代わる再生可能エネルギーの一つに、雪の冷熱エネルギーがある。（47字）

【本論1】（9～19段落）柱は、11～15・16～18

雪が再生可能エネルギーであるという筆者の考えを論証するのが〈本論1〉である。19段落「このように」で、9～18段落をうけてまとめ、今後への期待を述べる。結論提示タイプでの具体例は、筆者の考え（結論）の論証として示される。個々の例が、筆者の考えを論証し得ているかどうかを読みとることが大事となる。

9段落で「氷室」を紹介し、11～14段落で「氷室」の機能を持った貯蔵庫の実験から、「氷室」の機能が優れていることをグラフも示して述べる。15段落で、そのような施設が雪国の多くの地域にあることが紹介される。16～18段落では、雪のよる冷房施設を三つ紹介して、石油の節約や二酸化炭素排出の減少を述べる。

〈本論1〉の要約

雪は冷熱エネルギーとして、野菜や米などの貯蔵庫、夏の冷房に利用されている。（37字）

【本論2】（20～27段落）柱は、25・26

〈本論2〉は、雪の再生可能エネルギーとしての可能性と課題を述べる。20段落で、雪の冷熱エネルギーは、雪国の暮らしを変える可能性があるとし、その内容をくわしく22段落で、除雪した雪をエネルギーとして利用できれば、二酸化炭素排出量の削減にもつながると述べる。23段落で、雪の保存という課題が示され、24段落で沼田町での雪の保存の実験が紹介される。それらをうけて、25段落で「夏にも雪と暮らす」新しいエネルギー社会がはじまっていると今後の可能性を述べる。26段落で、利用は雪国に限られること（他の再生可能エネルギーと異なり、エネルギーとして他所へ移動させることができないということ）、エネルギー利用効率の低さや雪の保存施設の費用といった課題が示される。27段落で日本の半分以上は雪国であり、雪の冷熱エネルギー利用は、新しいエネルギー社会の第一歩として重要であることを補足している。

〈本論2〉の要約
雪の保存という課題の解決方法も見つかり、夏の雪の利用が可能になっているが、利用は雪国に限られ、エネルギー利用効率の低さや雪の保存施設の費用といった課題もある。（79字）

【結び】（28段落）

〈本論〉のまとめではなく、3・4段落の問題意識と対応していることをおさえる。
全文の要旨（〈本論1・2〉でまとめればよい）
化石燃料に頼らない再生可能エネルギーの一つとして、雪の冷熱エネルギーがある。雪は、野菜や米などの貯蔵庫、夏の冷房などに利用され、その効率の低さや保存などに課題はあるが、日本の国土の半分以上が雪国であることを考えると、新しいエネルギーとして期待できる。（125字）

(5) 吟味よみ

・雪を再生可能エネルギーとしてとらえる発想は新鮮であり、実際に氷室や冷房で利用されている多くの事例には驚かされる。特に、雪が再生可能エネルギーであることを具体的な例や数字をあげて論証している〈本論1〉には、説得力がある。

・4段落の後にある行空きは、この前までが〈序論〉であるかのような印象を与えてしまい、紛らわしい。ここを行空きとする意味はない。

・5段落で「ガラスのピラミッド」を紹介しているが、そのくわしい説明は16段落までない。読者は、雪をどのように冷房に利用したのかが気になりながら、読まされることになる。5段落で「ガラスのピラミッド」を紹介する必然性はなかったのではないか。

・13段落で「室温の安定した貯蔵庫」と述べられているが、冷蔵庫の方が、温度を一定に保つことでは優れているのではないか。なぜ貯蔵庫の方が室温が安定するのか、説明がほしい。

・19段落で雪のエネルギーとしての利用は「さまざまな分野に広がり」とまとめているが、ここで紹介されているのは氷室と冷房の二つだけである。「さまざま」というには論拠が弱いのではないか。

・24段落の沼田町の保存実験をうけて、25段落で課題の解決方法が見つかったと述べるが、沼田町の方法が雪国のどこでも可能であるわけではない。解決方法が見つかるというのは言い過ぎではないか。

・雪は他の再生可能エネルギーと比べ、以下のような弱点がある。発電には利用できない。したがって、エネルギーとして他所に移動させることができない。少量ではエネルギーとして機能せず、大量に集め保存しておく必要があり、そのためのコストがかかる。冷房では補助的にしか利用できない。これらのような再生可能エネルギーとしての弱さも考えた上で、筆者の考えに納得するかどうかを議論し、意見文を書く。

(6) 言葉による見方・考え方を鍛える発問アイデア

場面 **第9時全9時**　**発問のねらい** **筆者の考えに対する意見文を書く。**

教師1 この文章での筆者の考えを短くまとめると？（**子ども**「雪は、再生可能エネルギーである。」）
教師2 それをどこで論証していた？（**子ども**「〈本論1〉。」）
教師3 具体的には？（**子ども**「氷室・冷房。」）
教師4 雪の冷熱エネルギーはどのようなよさがあった？（**子ども**「略」）
教師5 26段落で、「今後の課題」を述べているけれど、これ以外にはないだろうか？
（**子ども**「略」＊吟味よみ参照）
教師6 ここまで読みとってきたことをもとに、みんなの考えを出し合ってみよう。（話し合い）
教師7 今の話し合いをもとにして、筆者の考えに納得かどうか、二〇〇字で書いてみましょう。

おわりに

「小学校の説明文の授業は、段落ごとの要約ばかりで楽しくない」「説明文と論説文の指導の違いがわからない」「学年によって、どんな力をつけたらいいのかよくわからない」等、小学校の現場の先生方の悩みを多く聞いてきた。そこで説明文・論説文の小学校段階での読みの指導について、読み研の理論と実践をもとにしつつ、さらに編者三人で数十時間にわたる議論を重ねて生まれたのが本書である。

本書は、説明文・論説文の読み方の基礎・基本となる八つの観点について、すぐに実践できるようにわかりやすく示している。そして三十三の教材研究を示した。「深い学び」をつくり上げるためには、深い教材研究は欠かせない。ぜひ現場で、実践的に検討していただきたい。

これまでほとんど明らかにされてこなかった教科内容を系統的に示した。教材ごとに違う読みをしていたのでは、常に教師の指示待ちとなり、読みの力はつかない。子どもたちは系統的に学ぶことで、国語で何を学んでいくのかが明らかになり、国語の力を育てることができる。

系統的に指導するということは、学び方を学ばせることでもある。読み方がわかれば、子どもは自分の力で読むことができるようになる。主体的に国語の学習に取り組む子どもを育てることにもつながる。そして身につけた国語の力を使って学んでいくこと自体が、学習指導要領の「言葉による見方・考え方」を育むことになるのである。

多数の先行研究を参考にさせていただいたが、一つひとつの紹介は省略させていただいた。

出版にあたっては、明治図書の木山麻衣子氏に大変お世話になった。厚くお礼を申し上げたい。

二〇二〇年三月

永橋　和行

【著者紹介】

「読み」の授業研究会（読み研）・関西サークル

1986年，大西忠治を初代代表として創立され，確かな読みの力を育てるための研究・実践を重ねてきた国語教育の研究会（http://www.yomiken.jp/）。関西サークルは，2005年から活動している。関西サークルの編著に『小学校国語科「言葉による見方・考え方」を鍛える物語の「読み」の授業と教材研究』（明治図書）がある。

〈編集委員〉

加藤　郁夫（かとう　いくお）

大阪大学非常勤講師。「読み」の授業研究会運営委員。著書に『「舞姫」の読み方指導』（明治図書），『日本語の力を鍛える「古典」の授業』（明治図書）などがある。

＊第一章（第１節，第２節１，２，５，８），第二章（第１節１～３，７～10，第２節３，５，９，第３節３，８，10），コラム３

永橋　和行（ながはし　かずゆき）

立命館小学校。「読み」の授業研究会事務局次長。著書に『教材研究の定説化10「おこりじぞう」の読み方指導』（明治図書），共著に『総合的学習の基礎づくり３「学び方を学ぶ」小学校高学年編』（明治図書）などがある。

＊第一章（第２節６，７），第二章（第２節４，６，８，第３節２），コラム１

竹田　博雄（たけだ　ひろお）

高槻中学校高等学校。「読み」の授業研究会運営委員。共著に『国語力をつける説明文・論説文の「読み」の授業』（明治図書），論考に『物語・小説の「吟味と批評」の教材研究をきわめるための方法とスキル』（読み研『国語授業の改革18』学文社）などがある。

＊第一章（第２節３，４），第二章（第２節７，10，第３節１），コラム２

〈執筆者〉

朝倉　朋介（大阪府大阪狭山市立西小学校）＊第二章（第３節４，９）
木村　憲章（京都府京都市立養正《ようせい》小学校）＊第二章（第１節５，第２節２，第３節６）
児玉健太郎（立命館中学校高等学校）＊第二章（第２節11，第３節５，７）
小林　　彩（立命館小学校）＊第二章（第１節４，６，第２節１）

小学校国語科「言葉による見方・考え方」を鍛える
説明文・論説文の「読み」の授業と教材研究

2020年４月初版第１刷刊
2022年９月初版第２刷刊
©著　者　「読み」の授業研究会・関西サークル
発行者　藤　原　光　政
発行所　明治図書出版株式会社
http://www.meijitosho.co.jp
（企画）木山麻衣子（校正）有海有理
〒114-0023　東京都北区滝野川7-46-1
振替00160-5-151318　電話03（5907）6702
ご注文窓口　電話03（5907）6668

＊検印省略
組版所　藤　原　印　刷　株　式　会　社

Printed in Japan
ISBN978-4-18-356912-7